Romance

NOITES INSONES

ELIZABETH HARDWICK

TRADUÇÃO
Gisele Eberspächer

instante

Título original: *Sleepless Nights*

Direção Editorial: **Silvio Testa**

Coordenação Editorial: **Carla Fortino**
Edição: **Fabiana Medina**
Revisão: **Laila Guilherme** e **Juliana de A. Rodrigues**
Capa: **Fabiana Yoshikawa**
Diagramação: **Estúdio Dito e Feito**
Imagens: **Allan Cash Picture Library / Alamy Stock Photo (capa e orelha); Pictorial Press Ltd / Alamy Stock Photo (4ª capa e parte interna da capa); Eraza Collection / Alamy Stock Photo (orelha da 4ª capa); e Tango Images / Alamy Stock Photo (parte interna da 4ª capa).**

1ª Edição: 2025

Dados Internacionais de Catalogação na Publicação (CIP)
(Angélica Ilacqua CRB-8/7057)

Hardwick, Elizabeth
Noites insones / Elizabeth Hardwick ; tradução de Gisele Eberspächer. — 1. ed. — São Paulo : Editora Instante, 2025.

ISBN 978-65-87342-69-6
Título original: Sleepless Nights

1. Ficção norte-americana I. Título II. Eberspächer, Gisele

CDD 813
24-2981 CDU 82-3(73)

Índices para catálogo sistemático:
1. Ficção norte-americana

Texto fixado conforme o Acordo Ortográfico da Língua Portuguesa de 1990, em vigor no Brasil a partir de 2009.

www.editorainstante.com.br
facebook.com/editorainstante
instagram.com/editorainstante

Noites insones é uma publicação da Editora Instante.

Este livro foi composto com as fontes Arnhem e Antenna e impresso sobre papel Pólen Natural 70g/m² em Edições Loyola.

FSC
MISTO
Papel | Apoiando o manejo florestal responsável
FSC® C008008

INTRODUÇÃO

Eimear McBride
[Londres, 2019]

Nas primeiras páginas de *Noites insones*, a narradora escreve sobre sua mãe, há muito tempo falecida e lembrada com ternura: "Nunca conheci uma pessoa tão indiferente ao passado. Era como se não soubesse quem era". É uma análise prática e não sentimental de uma vida que, depois de falhar em ser objeto de autoanálise para sua detentora, agora minguava sem obstáculos para um passado prestes a ser esquecido. A narradora de Hardwick — também Elizabeth — não culpa a mãe por esse senso ofuscado de si mesma ou pela ausência de uma identidade mais assertiva. Apenas adota uma abordagem fundamentalmente diferente — assim como ela e seus vários irmãos e irmãs respondem à fertilidade extraordinária da mãe tendo um número particularmente baixo de filhos. *Noites insones* — publicado em 1979, quando Hardwick tinha sessenta e três anos e era uma das escritoras mais renomadas e respeitadas em sua área — está em oposição polar a esse modelo materno do eu abandonado e, particularmente, do eu feminino abandonado. Não há confusão com sua identidade pessoal ou falta de coerência em seus propósitos. A narradora sabe quem é e até mesmo como chegou a tal ponto. A inquieta narrativa resultante é um mergulho profundo nos processos do pensamento da narradora enquanto ela se revira, insone, entre ideias, memórias e conclusões. Para quem lê, é esse encontro com uma mente formidável, trabalhando intensamente, mapeando a jornada pelas raízes da consciência por meio de uma miríade de percepções e lembranças até o mundo físico — onde pode, ou não, se permitir ser alterada pelo que encontra —, que forma a espinha dorsal de prazer que mantém unida a narrativa fragmentada.

A narradora de Hardwick se preocupa em ver, no lugar de ser vista pelo mundo. E, assim como temos acesso a seus pensamentos mais íntimos sobre qualquer coisa que sua percepção detecte, ela também desdenha daqueles que estão cegos demais pelos próprios interesses para ver a si mesmos, ou a suas ações, com algo que não seja a verdade mais evidente. Ao mesmo tempo, a empatia e a compaixão da narradora pela vida duramente sofrida de muitas das mulheres sobre as quais seu olhar recai são inquestionáveis. Mesmo sem poder confortá-las, o testemunho diligente é um ato de reconhecimento respeitoso, como o que foi negado à maioria delas durante a vida turbulenta e difícil. O que importa é que ela as vê; e a maneira pela qual ela nos faz vê-las, e a si mesma, também é significativa. Sua escolha por um modo narrativo deslocado só aumenta a sensação de absorção do leitor em seu multiverso noturno.

Como uma das maiores críticas literárias de sua época, ou melhor, de qualquer época, Hardwick não se importava muito com a noção sempre em voga de que a ficção literária deveria passar menos tempo pensando e mais tempo elaborando enredos complicados. Ao ser questionada sobre a ausência das reviravoltas do gênero em seu trabalho, respondeu: “Se eu quiser um enredo, assisto à série *Dallas*”. Essa compreensão de que enredo e história não são a mesma coisa, de que o enredo não é apropriado para todas as narrativas, enquanto a história é indispensável a todas, impulsiona o livro e permite uma exploração mais rica e satisfatória de seus temas. Portanto, embora aqui haja capítulos, quebras de parágrafo, finais de seção etc., não há uma razão real para eles. Os pensamentos da narradora seguem sua própria lógica infundida pela insônia, saltando facilmente pelo espaço e pelo tempo, conectados apenas pelos mais finos fios associativos.

Esse desinteresse por uma delineação rígida da forma também se reflete no conteúdo do livro. Embora tenha sido publicado como obra de ficção, *Noites insones* contém muitos elementos autobiográficos verificáveis: Hardwick nasceu em uma família numerosa no Kentucky. Mudou-se para Nova York e viveu um casamento de fachada com um jovem homossexual. Como escritora, ocupava um espaço no centro do mundo literário. Na vida real, passava bastante tempo com Billie Holiday e, notoriamente, caiu "fora do mais comum dos plurais" para se tornar "não mais um *nós*" quando o poeta Robert Lowell a deixou após vinte e três anos de casamento. Dito isso, o romance, no entanto, ainda permanece promíscuo demais em termos formais e intelectuais para ser relegado ao beco sem saída da "autoficção" ou à camisa de força imaginativa das memórias. Sem dúvida, muitos dos lugares que conheceu pessoalmente — o Kentucky da infância, a casa herdada no Maine, o sofá da fraternidade no qual passou uma "noite deplorável" e as delícias sórdidas, porém transformadoras, de sua amada Nova York, "com covas ao lado de bancos" — estão todos presentes e corretos. Também estão presentes as pessoas que conheceu, gostou e amou nesses lugares: pais, amigos, antigos amantes que afirmam amargamente que "somente as mulheres com dinheiro podem violar as leis da probabilidade", a já citada Billie Holiday com sua "dissipação assassina" e "autodestruição luminosa", a vizinha para quem a pobreza "veio como uma escavadeira" e a burguesia incestuosa da Amsterdã intelectual — sem mencionar o fluxo de empregadas domésticas desafortunadas. E não devemos esquecer aquele com quem fez um aborto, que depois entregou a ela um cartão de seu negócio funerário. Hardwick eventualmente o retrata ao lado das demais pessoas, embora, de maneira reveladora, ele seja o único de quem quase se esquece. A impressão do leitor é certamente de que esses retratos belos e humanamente desenhados são de pessoas reais que cruzaram seu caminho; que viveram e lutaram por si mesmas, para além do clichê ao qual poderiam facilmente ter sido condenadas. "A sociedade tenta escrever essas vidas antes de elas serem vividas", diz. "Mas nem sempre consegue." Ela tampouco cai nessa armadilha. Suas descrições são magnéticas e sensuais e contêm o tipo de tato linguístico que pode facilmente levar o preguiçoso ou o sentimental a ler cada aspecto do romance com a expectativa de encontrar ali apenas uma autobiografia.

Se, no entanto, um registro histórico verificável fosse o que Hardwick quisesse criar, não há razão para supor que ela teria se acanhado em realizá-lo. Embora o divórcio entre ela e Lowell, por exemplo, seja mencionado de maneira oblíqua, a apropriação impiedosa por parte dele do conteúdo das cartas pessoais que ela lhe enviou nos anos pós-separação — e a subsequente aparição dessa correspondência na obra publicada por ele — permanece sem escoriações. De fato, quando lida à luz de uma traição tão íntima, a relutância de *Noites insones* em se envolver em qualquer acerto de contas ou em esclarecer os fatos é notável e, para os caçadores de ressentimentos, sem dúvida uma decepção. Embora o livro possua uma qualidade de intimidade permitida, os relatos literais de acontecimentos desagradáveis não são o que preocupa a mente sobrecarregada de Hardwick em seus pensamentos noturnos. Na verdade, a resposta antipática à indagação agressivamente específica de Lowell, "Mas por que não dizer o que aconteceu?", pode estar contida em sua pergunta muito diferente: "Será que o assunto sou eu?". Talvez essa seja uma sombra latente da autodeserção materna ou, mais simplesmente, a réplica de uma mulher que criou um eu para si mesma e, portanto, acha que esse "eu" não tem obrigação de provar nada a ninguém. Seja como for, a imobilidade do literal e do factual é muito restritiva para Hardwick. Para ela, a soma dos atos de uma vida é uma calculadora de valor ou significado demasiado insuficiente para justificar o esforço necessário para catalogá-los. Apropriadamente, e talvez sem surpresa, Hardwick optou por permanecer ambígua e ambivalente em relação à questão da autobiografia em *Noites insones*. Em resposta à afirmação de

Darryl Pinckney em 1985 — em uma entrevista para a *Paris Review* — de que o romance tinha "o tom de experiência vivida, de um tipo de autobiografia", disse: "Acho que sim. Afinal de contas, eu o escrevi em primeira pessoa e usei meu nome, Elizabeth. Não é muito confessional, contudo. E não foi totalmente tirado da vida, ou foi bem menos do que o leitor possa imaginar".

Hardwick pode ter guardado os detalhes para si no lugar de reduzir sua obra a uma simplificação exagerada de si mesma, ou porque não desejava ser submetida ao tipo de intrusão pessoal forense à qual se espera que artistas de todos os tipos se sujeitem rotineiramente. No entanto, o mais provável — como escreve no penúltimo parágrafo de *Noites insones* — é que seja pelo seguinte motivo: "Às vezes me ressinto do glossário, da concordância da verdade que muitos têm sobre minha vida real, como possuem um par extra de óculos. Quero dizer que esse fato é, para mim, um obstáculo à memória".

Tentar encaixar *Noites insones* em um único formato prontamente identificável é um exercício tão ridículo quanto desnecessário. É tanto um romance quanto uma carta, uma carta que se tornou um ensaio, certamente mais um ensaio do que um livro de memórias, e uma crônica poética do tempo, do pensamento e da capacidade inventiva da memória muito maior que qualquer uma dessas categorias pode conter.

Eimear McBride nasceu em Liverpool, em 1976, filha de pais irlandeses. Mudou-se com a família para a Irlanda quando tinha três anos e, aos dezessete, retornou à Inglaterra para estudar no Drama Centre London. É autora de, entre outros, *A Girl Is a Half-formed Thing* [Uma garota é uma coisa parcialmente formada], seu romance de estreia, premiado com os prestigiosos Goldsmiths Prize 2013, Kerry Group Irish Novel of the Year 2014 e Baileys Women's Prize for Fiction 2014.

Para minha filha, Harriet,
e minha amiga Mary McCarthy.

PARTE UM

É junho. Isto é o que decidi fazer da vida neste exato momento. Farei este trabalho de memória transformada e até mesmo distorcida e continuarei levando esta vida, a que levo hoje. Todas as manhãs, o relógio azul e a colcha de crochê com quadrados e losangos rosa, azuis e cinza. Como é bela — esta produção de uma idosa debilitada em uma casa de repouso sórdida. A beleza, a sordidez e a tristeza em uma batalha apática — é o que vejo. Mais bonitos são a mesa com o telefone, os livros e as revistas, o *Times* na porta, o trinado dos caminhões rudes e estrondosos na rua.

Se ao menos fosse possível saber o que lembrar ou fingir lembrar. Tomar uma decisão, para que aquilo que se deseja das coisas perdidas se apresente. Pegá-las como uma lata da prateleira. Talvez. O rótulo de uma poderia dizer "Rand Avenue, Kentucky", e haveria aqueles que se lembrariam desse endereço como algo real. Dentro da lata estão as varandas do inverno na penumbra, os fogareiros a gás, o enxame.

A claridade me cega. Quando olho para cima, vejo uma eletricidade indistinta atrás das janelas. Talvez as persianas bastem, a luz e a sombra. Pensar em si mesmo como se estivesse no poema de Apollinaire:

Eis que estás em Marselha em meio às melancias.
Eis que estás em Coblence no Hotel do Gigante
Eis que estás em Roma sentado sob uma ameixeira do Japão
Eis que estás em Amsterdã...

1954

Querida M.: Eis que estou em Boston, na rua Marlborough, 239. Observo uma tempestade de neve. Cai como um grande armistício, pondo fim a todas as lutas simples. Na neve extraordinária, as pessoas andam em trajes maravilhosos — velhos casacos com golas de pele, gorros de lã, cachecóis, botinas, botas de couro para escalada que brilham como cobre. Sob o lampejo amarelado das luzes das ruas, você se põe a imaginar como era há quarenta ou cinquenta anos. A quietude, a alvura exposta — nostalgia e romance no ar claro, silencioso e branco...

Mais ou menos instalada nesta bela casa. Cortinas floridas feitas sob medida, passadeira na escada, estantes de livros, lenha para a lareira. Subir e descer os quatro andares promove uma sensação de posse — talvez. Pode até nos pertencer, mas a casa, os móveis se voltam para o universal, e logo tudo será lido como uma rubrica teatral: Cenário — Boston. A lei será obedecida. Baús, mesas, louças e hábitos domésticos se adaptam às regras.

Belas cornijas de mármore decorado — desenhos neogregos em tons de preto desbotado e verde pálido. "Valem o preço de toda a casa", de acordo com a opinião floreada do vendedor, verdadeiro ao menos dessa vez. Mas é a casa inteira que ocupa meus pensamentos. No segundo andar, duas salas de estar. Grandiosa, sim, mas a 239 certamente não deixa de ter seus bolsões de privação, seus cantos de tacanhez. Ainda assim, é um cenário.

Eis que meu hibisco está florescendo na janela da sacada. A outra sala de estar dá para o beco entre a Marlborough e a Beacon. Lá, um idiota mantém um cachorro preso em uma corrente, dia e noite. O lixo de solteiro, a decadência e a desorientação se acumulam em torno do homem. Imagino que já teve uma família, mas todos partiram. Imagino que, se os filhos o visitassem, ele diria: "Venham ver o cachorro preso em uma corrente. É um presente". Pensando no cachorro, chamo a polícia. O homem olha perturbado para minha janela, perguntando-se o que fez de errado. Darwin escreveu em algum lugar que o sofrimento dos animais considerados inferiores ao longo do tempo era mais do que ele podia suportar pensar.

Com amor,
Elizabeth

O início de junho foi quente. Fiz uma viagem, e, é claro, de imediato tudo era novo. Quando se viaja, a primeira descoberta que se faz é que não existimos. O flox desabrochava em seus roxos pálidos; na encosta, pinheiros fálicos. Estrangeiros sob as arcadas, nas lojas de cestaria. Uma névoa de vapor embaçava o contorno das colinas. Um céu sujo e exaustivo. O verão já parecia estar acabando. Logo os barcos estariam reunidos, as balsas amarradas ao cais.

Procurando o que se fossilizou, procurando algo — pessoas e lugares espessos e incrustados do formato definitivo; em vez disso há muitos, muitos peixinhos nadando livremente, trêmulos, atentos em escapar da rede.

O Kentucky: ele certamente tem a ver com isso. Minha mãe, quando menina, morou em tantas cidades da Carolina do Norte que elas se confundem em minha memória. Raleigh e Charlotte. Mal conheceu os pais; eles morreram cedo, como as pessoas morriam naquela época, de qualquer coisa que estivesse no ar — pneumonia, difteria, tuberculose. Nunca conheci uma pessoa tão indiferente ao passado. Era como se não soubesse quem era. Tinha irmãos e irmãs por quem foi criada, passando o nomes deles para nós.

Seu rosto, o de minha mãe, não é nítido para mim. Uma beleza macia, sem ossos, com pequenos olhos castanhos e as mais escassas das sobrancelhas, escurecidas com lápis comum.

— • —

1962

Querida M.: Eis que estou de volta a Nova York, na rua 67, em um lugar alto e íngreme com janelas amplas e sujas. No final da tarde, na escuridão do céu invernal, às vezes imagino que estamos em Edimburgo nos anos 1890. Nunca estive em Edimburgo, mas gosto de cidades de tamanho razoável, capitais provincianas. Ainda assim, aqui é definitivamente Nova York, dos pés à cabeça. O trajeto de Boston não foi fácil. Não é muito diferente de atravessar o oceano — ou o próprio país, pois todos os nossos pertences precisam ser arrastados pelas montanhas. Posso dizer que a mesa de cavalete e a cômoda não estavam preparadas para o exílio repentino, a mudança de direção que, de certa forma, aconteceu comigo. Bem, o móvel de carvalho fumê está no canto, com garrafas e um balde de gelo sobre ele. Cinco das placas da Academia Naval estão quebradas. Os relógios receberam um golpe fatal e nunca mais verão a vida. Os antigos gabinetes permanecem estáveis, humilhados, desgastados.

Objetos deslocados e pessoas idosas, rígidas, com veias cansadas e artérias entupidas, com joanetes e arcos plantares doloridos, cabelos esparsos e pensamentos vacilantes, sobre as montanhas dos Cárpatos, longe dos *bayous* — é assim aqui na cidade sagrada. O retrato da tia Lotte nunca mais será desempacotado. Encontra o lugar de descanso eterno no túmulo de seu caixote, no porão, e seu réquiem é o zumbido do metrô da Sétima Avenida.

É claro que estas coisas não são *minhas*. Acho que em geral se falam delas como *nossas*, aquela palavra em forma de saquinho de chá imersa no condicional.

Com amor, muito amor,
Elizabeth

"Inícios são sempre deliciosos; o limiar é o lugar para se fazer uma pausa", disse Goethe. Mais uma vez Nova York, para ficar para sempre, descansando em sua generosa hospitalidade com as mulheres. Vestidos longos, arrogância, mais chances para enganar os enganadores, confidentes, conspiradores, cartões de cobrança.

Eu era então um "nós". Ele está provocando, sorrindo, bebendo gim depois de um longo dia de trabalho, dizendo algo do tipo para o ar:

A tirania dos fracos é um fardo, e ainda assim é melhor ser explorado pelos fracos que pelos fortes... A submissão aos poderosos é uma redundância, muito cansativa e entediante no final. Não há nada de sutil ou interessante nisso... sobretudo porque o exercício é demasiado frequente. Um treino pela manhã, outro à noite... Marido-mulher: nenhum movimento novo a ser descoberto nessa forte tradição clássica. As discussões são como o ranger de lâminas enferrujadas, o velho motor e suas incômodas batidas. O cachorro rosna. Ele também conhece suas falas.

Será que o assunto sou eu?

É verdade que, com os fracos, algo está sempre acontecendo: improviso, surpresa, suspense, injustiça, manipulação, hipocondria, beber escondido, ciúme, mentira, choro, esconder-se no jardim, sair de carro no meio da noite. Os fracos têm o mais puro senso de história. Tudo pode acontecer. Cada um deles é um quiromante lendo a própria mão. Sim, eu terei uma vida longa ou curta; ele (ela) terá cabelos loiros ou castanhos.

Passagens, migrações, preocupações, propriedades, dívidas, mudanças de nome e mudanças mais uma vez: tudo isso veio da leitura de muitos livros. Assim, do Kentucky a Nova York, a Boston, ao Maine, à Europa, levada por um rio de parágrafos e capítulos, de versos em branco, de pequenos livros traduzidos do polonês, de grandes livros do russo — tudo consumido em uma insônia sedentária. Isso basta? Não importa que seja a verdade. Isso certamente não tem o drama de: Eu vi no cais o velho capitão de fragata com sua barba branca e me inscrevi para a viagem. Mas, afinal de contas, "eu" sou uma mulher.

Encontro-me no trem de Montreal para Kingston. Estou indo para a universidade por alguns dias — e isso não faz tanto tempo. É noite de domingo, inverno profundo, e seguimos em frente pelo vazio frio e escuro. Às vezes, o lampejo brônzeo da luz de um vagão distante ilumina ao longe, tremulando como uma vela nas curvas. O trem parece estar sempre seguindo em frente neste país afortunado, grande e vazio.

Está apenas alguns graus acima de zero, mas no vagão-restaurante sentimos um calor sensual e tropical, um calor masculino de algum modo. Sou a única mulher no vagão número cinquenta.

Eles são muito barulhentos. Um barulho perfunctório e uma boa quantidade de risadas artificiais de um grupo que está junto por tempo demais. Os homens estão em uma condição de férias forçadas, quase chegando ao fim decadente e moribundo. A maioria está bêbada, e mais de um parece enjoado. Canadenses, não vomitem em mim! Parece que estiveram em uma reunião, uma convenção. São unidos pela profissão; talvez vendam alguma coisa. Decerto não são muito prósperos; não, com certeza, não. Tenho certeza disso por meus cálculos indignos baseados na aritmética do esnobismo e da vergonha.

"A vergonha é inventiva", disse Nietzsche. E isso não é nem a metade. A partir da vergonha, prestei atenção em roupas, sapatos, anéis, relógios, sotaques, dentes, maneiras de se comportar, modos de falar. Os homens no trem usam roupas que, feitas para nenhuma estação específica, são, portanto, sempre inoportunas e incompatíveis. São ásperas e grosseiras, chamativas e, ainda assim, leves, feitas com a inadequação que é a ideia predominante do ano todo. Azul-claras como o mar e verdes como a vegetação; paletós com estampa *paisley* e xadrezes; costuras delineadas com pontos largos de uma cor diferente; lapelas e bolsos desproporcionais; predominância de azul-frio e tom sobre tom; náilon e dácron com acabamento tão liso quanto vidro, como se permanentemente passados a ferro. Por outro lado, os cabineiros de Trinidad são tradicionais e se vestem como príncipes. Calça preta, paletó vermelho de algodão, camisa branca, gravata-borboleta preta e rostos negros, luminosos, aristocráticos e tropicais.

Os homens são muito brancos, muito claros, e até mesmo os cabelos castanhos caem por cima de sobrancelhas loiro-avermelhadas. A brancura deles me faz lembrar de que são realmente meus irmãos, voltando para casa para minhas irmãs, minhas cunhadas. A presença dos homens me deixa inquieta; um deles desperta minha memória por conta de um dente da frente ligeiramente lascado que traz de volta uma noite deplorável no sofá de uma fraternidade. Outro tirou o sapato apertado e ficou por um longo tempo sentado olhando voluptuosamente para o pé livre. Nenhum deles é um estranho, tão próximos estão os olhos pálidos, a risca no cabelo, a hilaridade tocante e indolente.

Borges faz a pergunta: "Os shakespearianos fervorosos que se entregam a um verso de Shakespeare não são, literalmente, Shakespeare?".

Aqui, atravessando a noite escura, estes homens com suas roupas chamativas, sob a lua minguante da embriaguez, fundem-se com minha própria carne, como se eu estivesse no banco traseiro de um carro com eles e "folheasse" um texto inquietante. Homens com olhos avermelhados, pesados anéis de formatura, camisetas brancas de algodão, dias nos postos de gasolina se preparando para enfrentar o trabalho por aquelas famílias que desde o início da juventude já estão em seus planos.

O vagão-restaurante, agora chacoalhando sobre o lastro nos trilhos do trem, deu um solavanco. Um gancho enferrujado da porta rangeu, um carro e um caminhão velhos pararam no cascalho, a porta fechada para meus irmãos e minhas irmãs que chegam tarde e caem de maneira silenciosa em uma das muitas camas agradavelmente afundadas no meio. Os suspiros e as lágrimas, os gritos de injustiça, todos os destinos ligados por uma semelhança de testa e nariz, por simpatias irresistíveis e distâncias tão grandes que cada um se empanturrava vaidosamente da fantasia de ser órfão.

A frase de Pasternak: Viver não é simplesmente atravessar um campo. Tampouco é escalar uma montanha. Leconte de Lisle, com inveja, descreveu Victor Hugo como tendo a "estupidez dos Himalaias". A assassina alemã com seu bastão de caminhada, suas botas de escalada, chama o velho arquiteto, mais alto, mais alto! Ele cai para a morte, e esse é o desgosto de Ibsen com a vertigem de estar lá em cima ou com a suposição de ali estar. Para si mesmo, ele ajustava os óculos sem aro, e os cantos da boca se viravam para baixo quando jovens fervorosas pensavam que ele era mais tolo do que de fato era. Ibsen não era um homem feliz. Trabalhava o dia todo, à noite tomava mais *schnaps* do que deveria e, de volta para casa, no hotel, na estância, na pensão, estava a esposa forte que, depois de ter tido o pequeno Sigurd Ibsen, disse: É isso, já basta.

Nem mais nem menos reto pelo campo, o destino sendo o grupo de árvores ou a cerca de pedra que encerra sua propriedade; nem lentamente para cima, muitas vezes sem fôlego. Ainda assim, mudanças e remoções profundas durante o percurso dividem o espírito. Onde fica Vermont ou Minnesota depois que você empacotou suas coisas e levou sua velha esposa para a Flórida — para viver, para viver sem o aquecedor e o limpa-neve? Enquanto você vive, parte de você escapuliu para o cemitério.

Kentucky, Lexington; a universidade, a Henry Clay High School, a rua Main. O cemitério do lar, da educação, dos nervos, da hereditariedade e dos tiques. Desaparecer é triste;

permanecer é lancinante. Árvores, flores, nobres casas antigas, fazendas triunfantes nos arredores da cidade — pouca distração para o coração antecedendo os antiquários interesses da meia-idade. As balconistas e garçonetes das lojas são as heroínas das minhas lembranças, aquelas senhoras abandonadas com filhos para criar; elas mantêm os estabelecimentos abertos, iluminam a noite na rua Main, aquele paradisíaco centro das cidades da época. A loja de departamentos Woolworth's, a tabacaria, três cinemas com público segregado, dois hotéis para casais onde os cestos de lixo continham lembretes de compromissos e a prosa hiperbólica e distorcida de cartas de amor ilícitas.

Não é verdade que, não importa onde você more, em Hartford ou Dallas você é apenas você mesmo. Também não é verdade que todos estão naturalmente ligados às próprias regiões. Muitos, ao nascer, são descartados sem nenhum cuidado e experimentam a limitação e, às vezes, a agradável truculência de sua posição fortuita. Estadunidenses que são alemães, alemães que são franceses, como Heine talvez.

O estigma do lugar se adere a nós não como um direito de nascença, mas como uma espécie de artifício, um cosmético. Eu me coloco entre os objetos delicados, aquelas peças que se chocam e se quebram, que permanecem no armário entre os conjuntos de porcelana com a mesma padronagem. Não tenho parentes que nasceram, que eu saiba, fora do Sul, e quase nenhum vive fora dele até hoje. No entanto, tenho medo da noite do campo e de seus sonos honestos e me sinto desconfortável até mesmo à luz do dia com os "colonos originais" e a velha linhagem americana. A rodovia, os caminhos de asfalto, os ladrões, os céus contaminados como um manto sufocante de pele sarnenta, os milhões de pessoas nos bairros — esse é o verdadeiro lar.

Sempre, em toda a minha vida, procurei pela ajuda de um homem. Ela veio muitas vezes, mas, outras tantas, não. Isso começou cedo. Nós, as meninas da vizinhança, conhecemos um senhor com ótima aparência, não vestido como a nossa gente, mas um senhor de terno preto e camisa branca, com um sorriso gentil e cortês. Ele era mesmo gentil e cortês. Esperava-nos nas tardes de sábado, pagava nossa entrada no cinema, comprava-nos o chocolate endurecido e esbranquiçado do verão. No escuro, com uma menina de cada lado, sentadas tão retas como cariátides, ele avançava as mãos por nossas coxas, por debaixo de nossos vestidos. O primeiro presente do predador, misturado com a narrativa luminosa da tela e o chocolate, era nos revelar logo cedo a natureza confusa do suborno. Essa pelo menos foi uma lição duradoura. Suborno e mais suborno — isso cresce como nossos molares. Outro velho realmente debilitado, pobre, ignorante, com uma mercearia que parecia um porão, suja e cheirando a raízes, disribuía picles cobertos de imundície e biscoitos de gengibre murchos.

Lexington, Bluegrass. A estátua cavalo Man o' War à vista. O grande crânio melancólico lembrava apenas vagamente as célebres posições do animal como garanhão. Como uma paisagem, esse grande cavalo tinha um pouco da superioridade estatística das pirâmides. Cavalos. Suas imagens em toda parte, em calendários, cinzeiros. As narrativas dos padoques nas paredes dos salões. Jóqueis enrugados e alquebrados cujo rosto lembra uma casca de noz. Apostadores sem sorte, corridas de primavera e outono em tardes extravagantes.

1940
Querida Mamãe: Eu amo Columbia. É claro que amo. Os melhores daqui são todos judeus — aqueles que você chama de "hebreus". Há um rapaz não tão interessante de Harvard que usa muito cinza, um sujeito pesado e pedante do Meio-Oeste, uma estrela decepcionante da Vassar College. Eles são muito admirados pelo corpo docente por não serem tão inteligentes...

Mãe e pai morrem cedo. É a isso que tudo se resume, mas será que eles veem a própria morte como perda de mãe e de pai? Lembro-me de nosso jardim resistente, plantado com os gladíolos recalcitrantes e estupidamente exigentes que, depois de estragados de maneira terrível, produziam seus cálices rosa-alaranjados; e a dália retardatária, sempre procrastinando, por fim floresciam em seus roxos hepáticos.

Estações da natureza e estações da experiência que aparecem como uma surpresa, mas são meramente a confirmação das predições do calendário. À maneira da lua cheia dos dias em que ir à igreja era emocionante e da geada da apostasia que marca a chegada aos catorze anos. Alguém sobe no galo do vento, olha para o céu e então, depois de pausar por um momento, cai.

A igreja presbiteriana era agradável no inverno, com as chapelarias úmidas e os superintendentes de cabelos brancos como neve, o hinário suave e o batismo discreto. Mais memoráveis e perturbadoras eram as visitas clandestinas às reuniões itinerantes das tendas evangélicas. Lá era possível ser salvo mais de uma vez, ser salvo repetidas vezes. Sim, aceitei Jesus Cristo como meu Salvador pessoal em junho, no lado oeste da cidade, aceitei Cristo mais uma vez em julho, no campo queimado ao norte e depois novamente em agosto, nos acampamentos ao sul. Muitos dos salvos, chegando à frente, reunidos sob os braços ritmados e as abotoaduras de ouro do pastor, acabam de sair da penitenciária.

Sob o cordão de lâmpadas nas tendas úmidas, as vontades humanas desesperadas e instáveis lutam por uma noite contra o pessimismo feroz da experiência e o empirismo enraizado de todo perdedor atormentado. A hora da tranquilidade parece tão próxima do bálsamo dos vícios que impulsionam os mais necessitados a cruzar a entrada das tendas de conversão. Espíritos cansados com rostos difíceis de amar: cabelos ressecados, encaracolados, castanho-acinzentados presos em toucas de rede, óculos funcionais precocemente colados em rostos jovens; postura caída, encurvada, a carne e os ossos desalinhados pela desconfiança, pelo fracasso, e o olhar inexpressivo de bangalôs quadrados sem persianas.

Talvez aqui tenha começado uma compaixão indiscreta pelas vítimas da preguiça e dos erros recorrentes, compaixão pela tendência em obedecer às leis da gravidade e afundar, caindo suave e lentamente como uma pipa, ou se quebrando e esmagando com violência.

A apoteose de um diploma de magistério local, uma recompensa celestial e bastante aguardada para as meninas. Para se tornar uma oferenda sacerdotal, como aqueles professores pálidos da América Latina, homens de vilarejos pobres, suando dentro dos ternos pretos e camisas brancas, recebendo e dando uma lista peculiar de punições em seu chamado visionário.

Foi um homem que me trouxe meu primeiro par de óculos, do qual eu não precisava. Ele era uma figura romântica, principalmente porque havia estudado francês e adorava os "erres" difíceis do idioma. Era alto, bonito e não muito sincero. Corrompido por uma natureza incerta, ninguém entendia seus acessos de expansividade ou surtos de torpor e a melancolia. E, no entanto, a vaidade e a bastante agradável despreocupação pareciam sobreviver em todos os seus humores.

Esse homem falou de sua atração pela "experiência", e concluí que se tratava de uma atração por algo contrário a si mesmo, geralmente um ser ou um hábito inferior, mais perigoso e arriscado. Sua experiência incluía um casamento já esquecido, envolvimentos com garçonetes, cabeleireiras, mulheres que vendiam tabaco no hotel, mulheres bonitas e à deriva, todas fracassadas. Uma de suas paixões era educar mulheres, e lhes falava sobre seus interesses na época: James Branch Cabell e os poemas de Verlaine. Ostentava um nome importante cuja popularidade se estendia por todo o nosso condado. Seus parentes sentiam-se alarmados com suas pretensões. Passeando pela rua Main, loiro, alto e grosseiro como um godo, ele se apresentava como um esteta sensual, sulista, intelectual à maneira da Universidade da Virgínia. Sua fome de experiência era mais ampla que profunda. Como um ator, criava espaços ao seu redor, e, quando os demais falavam, instalava-se em seu rosto um silêncio dramático e intencional.

Quando me lembro, ele veste marrom. Vem em minha direção. Estamos perto da biblioteca, à sombra de árvores antigas, perto de uma casa tranquila com um jardim murado. Revivalismo gótico, colunas brancas ao longe. Tudo banhado em uma luz dura e intensa. Ele tem trinta anos, e eu, dezoito. Nenhum poder mental pode decifrar por que a diferença de idade entre nós definiu tudo para mim, lançando sobre tudo que é claro um quebra-cabeça sombrio e sinistro. Ali, na luz, seu desejo exorbitante de agradar. Dentes grandes e quadrados e algo da energia inútil de um cão grande e afetuoso. O salto e a investida de sua saudação.

Sua curiosidade se inflamava por uma palavra, um adjetivo, pelo encanto com o fato de eu estar tirando um volume de Thomas Mann das prateleiras da biblioteca. Eros tem milhares de amigos.

Seu carro era lindo, preto, com capota e laterais de lona. Desde nosso primeiro encontro, ele me levava para casa e me deixava na esquina da nossa rua, a mais ou menos um quarteirão de onde eu morava. A ação sinalizava seu amor pelo ilícito, sua necessidade de infectar a cena com os vapores de uma *mésalliance*. E também de exibir uma ambiguidade corruptora.

Pouco tempo depois, em uma tarde de sábado, ele me levou a uma área pantanosa e ameaçadora da cidade, debaixo dos trilhos da ferrovia, um pequeno assentamento sombrio ao lado de um viaduto. Uma área da cidade sem árvores, quase fora da lei, da qual eu mal sabia o nome. Gatos velhos descansando ao sol, cachorros esquecidos; no meio disso, uma igreja nova, quadrada e branca, como uma garagem. Do lado de fora, mulheres de aparência suspeita arrumavam mesas de piquenique para uma reunião no dia seguinte. Ele sorriu para as mulheres com um interesse faminto. Sorrindo, curvando-se, o carro brilhando ao sol, seu rosto vivo de alegria como se tivesse encontrado um material precioso, o material da vida. Um sorriso ousado e ganancioso.

As mulheres da igreja, encurvadas pelo peso do sectarismo aberrante que as consumia, olhavam de volta para ele, os olhos mortos, o fogo pentecostal armazenado. Retração didática da boca religiosa. E ainda assim o terno marrom, o grande rosto de cachorro de colo impressionaram por um momento. A suspeita voltou quando entramos em uma casa do outro lado da rua.

Tinha dois cômodos. Entrei neles com a sensação de estar caindo em um poço de desgraça. Tal palavra carinhosa e de advertência, *desgraça*, carreguei comigo por anos e anos; ela ainda exerce seu poder racional e repressor sobre mim. Congela o coração radical com seus sussurros impiedosos como um chicote. Alguém morava na pequena casa. Uma mulher. Perfumes e talcos e, no canto, um par de chinelos acolchoados.

Não resisti. Não fiz perguntas. A inquietação moral doía, mas a dor era a dor da eternidade e não deveria ser tão valorizada. Ele veio para cima de mim, sorrindo, cortês, determinado. Quando me largou na esquina, corri para casa, para uma casa cheia de pessoas próximas do desespero.

Quanto a ele, alguns anos depois foi com uma garota a um lago no leste do Kentucky e lá, de repente, pulou de uma ponte alta. Pesquisei. Não, ele não estava deprimido. Pelo contrário, era o oposto. Ele pulou para a morte no auge, por assim dizer, repleto de uma alegria corajosa, um descaso genuíno e raro.

Às vezes a chuva era bela. As listras lavanda e prata, cintilando na lama, procuravam ser honradas, receber alguma palavra de gratidão. A gentileza das tardes úmidas, o consolo de abrir a porta e encontrar todo mundo ali.

E agora? Para onde ir? Mesmo em meio a tudo isso, no calor devotado, na bem-disposta ameaça da familiaridade, o cemitério espera para ser profanado.

Adeus ao Kentucky e aos nossos vícios agradáveis. Vamos para a cama cedo, mas, por causa do uísque, raramente estamos sóbrios. Gostamos muito de feijão-verde e fatias finas de presunto curado. Quando saí de casa, meu irmão disse: Será maravilhoso se você tiver sucesso na vida, pois poderá ir às corridas.

Adeus ao precioso calcário, às dinastias de ossos de cavalos velozes. Mas foi uma despedida longa e demorada. Eu estava enfeitiçada por minha mãe e acordava na rua 116, em Nova York, desejando ver suas curvas arredondadas e suaves, seu cabelo torcido em cachos frouxos nas têmporas, seu peso na escada lavando janelas, os assados, as batatas e os pães fermentados gordurosos e sua respiração paciente no quarto dos fundos enquanto dormia em uma cama com colchão de penas velho e encaroçado.

Na Universidade Columbia, conheci uma garota que havia crescido em Long Island na propriedade de uma pessoa abastada, um lugar de gente preguiçosa e elegante. O pai da minha amiga era jardineiro, e a mãe, cozinheira. Pareceu-me que essa condição era muito interessante, que a garota habitava um farol de onde se podia ver muita coisa que deveria ser escondida, escondida, ao menos, de garotas inteligentes com espírito crítico e devotadas aos livros. Ela decerto não era inclinada a ambições para as quais não havia esperança, nem facilmente motivada por admiração. Seus olhos, desconfiados como o olhar frio de um detetive, seriam rápidos em identificar hipocrisia, inclinações bizarras. Não, toda a vida dessa moça estava marcada por seu destino residencial; seu brilhantismo não se acomodava, e ela era amarga, louca de raiva e, infelizmente, de uma inveja sombria.

Em seu coraçãozinho perverso, o sangue batia com ódio quando os carros subiam a rua. Ela, com sua leitura apaixonada de Proust e James, odiava o cheiro do próspero ar noturno, detestava o sotaque perturbador das debutantes. Mas seu ressentimento mais profundo recaía sobre sua família, sobre a humilhante imagem das tesouras de jardinagem do pai na cerca viva. Para ela, a tragédia estava no assobio dos sapatos de enfermeira com sola de borracha da mãe, inclinando-se para a frente com uma tigela de vegetais apoiada habilmente na palma da mão. Na verdade, aqui estava um grande espírito destruído pelo feudalismo de Long Island; uma camponesa complexa e irritada criada em uma casa de campo em Southampton.

Tentei transformá-la em uma radical, mas nela não havia piedade. Em vez disso, trabalhando com raiva em seu doutorado, ela se tornou ou decidiu que era lésbica.

Em um mergulho assustado e furioso, envolveu-se em uma aventura desesperada com uma bela inglesa mais velha. E o que encontrou ali? Felicidade, consolo? Não, encontrou, com sua inelutável má sorte, um pesadelo de traições, mentiras, enganos, choques, infidelidades, rejeições. Todas as flechas enferrujadas atingiram seu alvo. E ela emitiu novamente seu triste e penetrante lamento — *ah, pérfido!*

PARTE DOIS

Tudo sofre sob a perfídia. A grama amarela e sedenta quando a chuva a trai dia após dia sem piedade, enquanto o sol continua sorrindo no céu para bronzear pernas e aquecer a água de nadadores ingratos. Às vezes, pensando nos infelizes que conheci, parece-me que eles vivem cercados por sua espécie. As janelas ressentem suas cortinas; a lâmpada do abajur, sua cúpula; a porta, sua fechadura; o caixão, sua odiosa e sufocante pilha de terra. Mas o que podem fazer? A grama demonstra resignação, as janelas ficam mal-humoradas, a lâmpada emite um brilho sardônico, a porta incha e requer um ombro para abri-la, o caixão hiberna em um sono longo, não de todo desagradável.

De qualquer forma, naquela época, eu adorava ir e vir entre Nova York e minha terra natal — para ver o que eu sabia que encontraria ali. Uma onda de frio no inverno, as olaias em flor na primavera, os dentes de muitos extraídos logo após a infância. As misteriosas freiras do antigo hospital St. Joseph medindo a temperatura. Minha mente é abalada pela lembrança de mortes prematuras, de meninos do colégio, meninas também. *Ele bebeu até morrer:* poderia citar muitos que não chegaram aos vinte e cinco anos.

Outras mortes. Uma garota ou jovem mulher da vizinhança, por quem todos nós sentimos pena e admiração intensos, um estremecimento simbolista, como se ela fosse alguém que, de maneira peculiar e arruinada, tivesse sofrido por muitos. Ela representava o estado de decadência muito vívida e fortuitamente para ser tolerada. Essa garota se tornou prostituta sem nenhuma necessidade econômica evidente. Mas não julguem a necessidade.

Passava as noites nos buracos e nas pensões mais sórdidos e degradantes. Perambulava por bares vulgares perto da antiga estação ferroviária. Era a filha muito amada de um trabalhador ferroviário que usava boné de brim azul e branco e carregava o jornal do sindicato. A mãe era grande, alta e trabalhadora; a avó era honesta, alta e fumava um cachimbo de espiga de milho. Juanita! Juanita!, cantavam para ela, a única filha, chamando-a para almoçar, para dormir. Quando ainda estava no colégio, antes do início de sua "carreira", permanecia muito tempo no quintal, puxando os cachos grossos e crespos que se aninhavam perto da gola de seu vestido recém-passado.

Tornou-se alta e desinteressante. Desenvolveu uma recusa em encontrar o olhar das pessoas, e, portanto, um constrangimento marcante, mas um tanto atraente, a dominava quando encontrava alguém da vizinhança. Bebia, envelhecia e sofria terrivelmente com suas libertinagens. Entre todas as suas lágrimas e dores, recebeu cuidados atenciosos e pacientes da família.

Depois da meia-noite, podíamos ouvir a porta de um carro batendo na rua. Às vezes, Juanita era trazida para casa pelos taxistas decrépitos que ficavam a noite toda no ponto no centro da cidade. As luzes amarelas iluminavam a escuridão enquanto o carro se arrastava lentamente de volta. Ou, caminhando sozinha pela rua estreita, escura e sombreada pela lua, ela se movia rapidamente, os sapatos de salto batendo na calçada e a tosse rápida e superficial. Por fim, a porta mosquiteira da casa de Juanita batia com delicadeza. Os idosos, sem dúvida, viravam-se aliviados em suas camas. Estava enfim em casa a hedonista curiosa alta, de cabelos cacheados; adormecida mais uma vez, a filha inchada e grosseira.

Juanita precisou pagar por tudo isso, centavo por centavo. Chorou de ressaca, de amargura, de confusão, a terrível confusão de um mundo distorcido que escurecia ao redor dela. E, por fim, chorou por causa de uma doença venérea. Compaixão e perplexidade entre todas as mulheres de sua casa. Juanita não está se sentindo bem hoje, dizia a mãe ossuda, grande e vestida com uma bata longa e encorpada. Talvez tenha pegado um resfriado. Os vizinhos diziam com desdém: Desta vez, pegou mais que um resfriado.

Não muitos anos depois, Juanita morreu de dores e feridas assombrosas; partiu em um sofrimento inacreditável.

Gosto de me lembrar da paciência das velhas solteironas, algumas parecendo capitães do mar com olhos azul-claros, cabelos macios e brancos como neve, uma alegria deslumbrante. Professoras de música solitárias, criadas na labuta, conduziam os jovens com dor e disciplina até seu próprio e honroso impasse, ensinando dessa forma as escalas da decepção.

O paradoxo da mulher que atinge sua verdadeira solteirice somente depois de finalmente estar casada e estabelecida. Assume o comando e alcança um estado de dependência dominante do qual só ela tem ideia. Quão confiante é seu reinado, quão hábil é a diplomacia solitária, a ordenação do futuro e o controle do presente. Ela cuidadosamente junta rendimentos e faz distribuições, sem nunca esquecer que está sozinha.

Ou quando os solteirões vêm em pares, às vezes como irmão e irmã, Clifford e Hepzibah.[1] Sob os pudores e a relutância, a humilde aquiescência, a autoridade tênue, os véus de um lendário *chagrin d'amour*, amantes desconhecidos mortos em guerras: uma tremenda turbulência se precipita na estação. Auroras boreais, cometas.

A sociedade tenta escrever essas vidas antes de elas serem vividas. Mas nem sempre consegue. Conheci em casa

1 A autora se refere aos personagens do clássico da literatura gótica escrito em 1851 *A casa das sete torres*, do estadunidense Nathaniel Hawthorne. [N.E.]

os segredos sexuais anárquicos de professoras solteiras e comuns, algumas com economias robustas, um aglomerado de casas e pensões, heranças acumuladas de pais, tias e tios. Muitas vezes, essas mulheres enganavam o destino com uma inclinação oculta para homens de mau caráter, mais jovens que elas: um cortador de grama, um vagabundo, um ex-presidiário. Cavalheiros não agradam a todas as mulheres.

Je t'adore, brigand.

Minha mãe, afetuosa e incansável, teve nove filhos. Essa fertilidade fatídica a manteve sob o domínio da natureza durante a maior parte da vida. Tal fertilidade era uma coisa, uma presença, um globo transparente que parecia envolvê-la. Era o que ela estava sempre fazendo e, no final, o que havia feito.

Às vezes, na escuridão das minhas noites, a vida dela voltava para mim. Quando a colcha era posta de lado, a luz do Hotel Empire brilhava vermelha através das venezianas de bambu. Amor, álcool e as roupas no chão; perfumes. Não, não, era impossível que fosse a mesma coisa. A história impessoal, aquela que se espalha por tudo, havia alterado o quarto, o ato de fazer amor.

A feminilidade da minha mãe era absoluta, ancestral, e havia nela uma assertividade peculiar e indefesa. Não a assertividade da opinião, pois minha mãe parecia não ter opinião a esse respeito e, mesmo depois dos setenta anos, simplesmente encolhia os ombros e parecia perplexa quando o tema da própria gravidez era levantado. Ou, às vezes, poderia dizer: Isso não me deixou infeliz, se é o que você deseja saber.

A assertividade era apenas a velha e profunda aceitação das coisas da vida. Algo modesto, suave e macio como um punhado de algodão. Sem planos, sem antecipações. Tudo isso vem depois, à medida que o corpo e até mesmo a alma passam a cuidar todos os dias dos resultados dessa aceitação aparentemente natural.

E ela não era nada parecida com as alegres duplas e trios dos anos 1950, vivendo a década na caminhonete nova, indo para o acampamento, para a praia, para o fim de semana, com o cachorro e o gato, a casa de veraneio e a câmera fotográfica.

Uma feminilidade inefável, como as marés. O constrangimento diante desses ritmos oceânicos era o destino silencioso, talvez inconsciente, dos filhos, que o expressavam com o amor apaixonado pela mãe gentil e feliz e uma taxa de natalidade singularmente baixa.

Flaubert escreveu em uma carta para Louise Colet que jamais conseguia ver um berço sem pensar em uma sepultura.

Durante a alegria de Nova York, eu ainda fui, por muitos anos, atraída de volta para casa. As visitas de Natal a Lexington, carregada no ventre dos vagões do George Washington na antiga ferrovia C&O. Eu... vestindo um vison ilegítimo do Brechó Ritz na rua 57. O trem passava por cidades mineradoras da Virgínia Ocidental, por Ashland, Kentucky, por Olive Hill e Morehead. Uma quietude campestre, vazia e pungente ao longo do caminho, com as colinas se erguendo de ambos os lados para abrigar o trem enquanto ele deslizava pelo vale. Cabines quadradas e inclinadas, agarradas como cabras-montesas; faixas de fumaça de lenha flutuando na névoa. *Trail of the Lonesome Pine* e *Little Shepherd of Kingdom Come*, de John Fox Jr., as vogais e os ditongos indignos e chorosos do povo da montanha.

De volta para casa, meu pensamento era: Não fale comigo sobre cavalos, sobre o Kentucky Derby. Na época em que estudava, lembro-me de que um improvável radical da Faculdade de Agricultura fez um estudo que parecia provar que os caros descendentes de puros-sangues, leiloados todos os anos, não traziam mais dinheiro, não ganhavam mais corridas do que os genuínos cavalos das classes mais baixas — aqueles abençoados matemáticos cujos pais tinham lojas de doces. As alegrias do Iluminismo.

Ainda me lembro do antigo hipódromo, antes da construção de Keeneland, antes de os estábulos serem incendiados e os cavalos relincharem a noite toda em suas prisões. Havia uma qualidade pastoral, algo teatral e marginal, como a chegada do circo. As tardes fulgurantes, o azul desbotado empalidecido pela claridade solar, o ar suave de maio. As pistas de corrida ao amanhecer, o sol da manhã, a curva tranquila das arquibancadas vazias.

Perto do fim da tarde, a importante corrida é enfim realizada. A pureza da alvorada é esquecida. Os cornisos e os lilases dobram-se com o frio. E então o estresse da corrida, a dor e o prazer do esforço ultrajante são enfim consagrados em poucos momentos. O poder sacrificial do cavalo e seu contrato faustiano com o jóquei — algo pode ser aprendido com isso. Uma *tristesse* cai sobre a cena, sobre a velha memória. Os cavalos são levados para descansar, e seus sentimentos em relação à corrida que fizeram nos são desconhecidos.

Talvez seja verdade que, por ser de onde sou, sou uma jogadora nata. E como diz o jogador na grande história de Dostoiévski: É verdade que, de cem que jogam, só um ganha. Mas o que eu tenho a ver com isso?

PARTE TRÊS

"Os vícios indizíveis de Meca são um escândalo para todo o Islã e uma fonte constante de espanto para os peregrinos pios."

Para o peregrino que seguia para Meca, a vida da cidade estremece com suas perigosas salvações.

Anos 1940

Nova York: lá eu morava no Hotel Schuyler, na rua 45 Oeste, com um jovem homossexual de bochechas vermelhas do Kentucky. Nós nos conhecíamos desde sempre. Nossa amizade era do tipo violenta, e éramos tão obsessivos, críticos, ciumentos e cruéis quanto qualquer casal comum. Os acessos de raiva, as portas batendo, os silêncios, as dissimulações. Um era para o outro um objeto precioso de fofocas e reclamações. Apesar das inclinações dele, o drama era de homem e mulher, uma dissonância genética tão parecida com os uivos conjugais que se podiam ouvir flutuando do pátio ou subindo e descendo pelas escadas de incêndio enferrujadas.

O compartilhamento de instalações, dispostas nesses hotéis com uma economia magistral que podia transformar estranhos em uma falsa família e uma família em estranhos. Tal compartilhamento era tudo o que "viver juntos" significava entre nós. E, no entanto, a amizade irritante aflorava pela manhã e murchava à noite, ressequia no inverno e reflorescia na primavera.

Muitas vezes eu ficava acordada, preocupada com alguma delinquência de J. Seu asseio coercitivo às vezes me inflamava, como se os hábitos dele não fossem um direito, mas um veneno perigoso para a vida, como o lento vazamento de gás do fogão do hotel.

À noite, ele selecionava e arrumava cuidadosamente suas roupas para o dia seguinte; preparativos para se dirigir a um emprego muito desprezado. O pior de tudo é que J. tinha uma necessidade inflexível de escovar os dentes perfeitos após o jantar. Esse hábito peculiar o amarrava em um laço cruel e, por fim, significava que nenhum convite fortuito, nenhuma possibilidade sedutora que surgisse inesperadamente poderia ser aceita sem uma concentrada inquietação mental. Essas rotinas sagradas contribuíram muito para inibir sua vida sexual, embora ele pudesse ser visto, como o badalar de um sino, todos os sábados à noite em certos bares gays tomando sua justa provisão de cerveja.

Querido J.: Agora você estaria em uma meia-idade intensa se o descuido dos outros não tivesse aniquilado em um instante todo o seu martírio por detalhes. Um carro perdeu o controle em um cruzamento em Los Angeles e atropelou J., ele que sempre observava com paciência os semáforos. É difícil não imaginar que o carro, liberado da opressão dos freios e da tirania de um rei ao volante, tenha se precipitado malevolamente em um terrorismo extático contra a vida limpa e burocrática de J. no meio-fio.

Mesmo agora ainda posso ouvir o canto de J., um tenor fino e autêntico com um toque das montanhas, de onde vinha sua família. Ele temia demasiadamente o pai, um homem grande, um homem grande e justo vestido de preto, um empresário do interior. Quando o pai morreu, o governo do estado enviou escolta policial para o funeral, e a população das montanhas ficou olhando, parada nas ruas. J. amava demasiadamente a mãe — clássico que era —, embora dos dois o pai fosse o mais interessante, porém muito grande, as roupas muito pretas, as camisas brancas muito engomadas, o colarinho muito rígido.

Eu me lembro de quando entrei titubeando em seu escritório pela primeira vez, dizia J., uma bicha desde a primeira respiração, ciente de que precisaria tirar o melhor da situação — aquele homem de cento e trinta quilos sentado atrás de uma escrivaninha. Dizem que gritei como a menina que eu era.

Em casa, um colegial inteligente e, para alguns, um rapaz muito antipático, J. desenvolveu uma paixão pelo jazz ou talvez pela negritude, embora hesitasse com homens negros. A procura por discos tomou conta dele, e ele trouxe para isso a ansiedade metódica e dogmática de sua natureza. A música parecia cortar sua carne, deixando uma espécie de cicatriz de desejo nunca satisfeito, quase uma ferida de sentimento. Como todas as paixões, ela induzia ao isolamento, pois havia muita coisa que não admirava e que os outros, para sua fúria, o forçavam a fazer. E sempre dizia que podia ser angustiante ouvir jazz quando se estava com problemas ou com a pessoa "errada". Às vezes ele pensava em desistir por completo, tão difícil era definir, até mesmo para si próprio, o que eram a música popular e determinadas maneiras de fazê-la. O que era isso?... o próprio mar ou apenas a juventude?

Vivíamos ali no centro de Manhattan, ignorando os altos e baixos, de alguma forma acreditando que a mera localização do hotel era um benefício avassalador. Não se via nem uma estrela no céu, mas o firmamento estava sempre iluminado com o tremeluzir de luzes distantes. Não se via nem uma árvore, mas, como por milagre, pequenos montes de galhos e folhas se juntavam nas calhas. Viver em uma selva enevoada em meio a tudo: perto de... de que mesmo? A uma caminhada de distância de todos aqueles lugares para os quais nunca se caminhava.

Mas aquilo era história, não era? O crepúsculo mordaz caía nos espaços entre os prédios cinza e vermelhos. Por dentro, o hotel era uma espécie de vegetação rasteira, uma base pantanosa para os hóspedes irregulares. Que marca deixam os antigos moradores do hotel em nosso coração instável — suas inconsequências sombrias, seus delírios e desaparecimentos.

Essas pessoas, e algumas delas ficaram lá por anos, viviam como se estivessem em uma casa recentemente assaltada, com fios cortados, o mundo vandalizado, a memória um lamento de perdas peculiares. Era como se tivessem roubado a si mesmas, e isso lhes dava certo ânimo. Não imagine que, no reduzido quarto alugado, elas não receberam nada em troca. Receberam muito, posso dizer. Foram erguidas pela insolência acima de seus empréstimos esquecidos, seus pagamentos em atraso, seus matrimônios desperdiçados, suas muitas dívidas que pareciam cair com alívio nas lixeiras, onde seriam recolhidas pelos funcionários noturnos.

O Automat,[2] com seu deplorável macarrão aguado, o bolo de carne viscoso, os compartimentos repletos de sanduíches ressecados; lama, cola e couro — a escolha era feita entre tais texturas. As misérias das lanchonetes deformadas e seus hábitos revoltantes; eles eram necessários, como o esgoto, como o Bowery, o Klein's, a rua 14. Toda grande cidade é uma Lourdes onde você espera se livrar de suas muletas, mas, enquanto isso, precisa andar aos tropeços apoiado a elas, mancando sob a proteção do santuário.

O Hotel Schuyler era mais do que um pouco desprezível, e muita vida desprezível passava ali. Os tapetes e as paredes manchados eram um desafio que nenhum esforço poderia enfrentar, e a ausência de raízes endureceu tudo como uma crosta. A repetição — ninguém jamais escapa dela, e essas pobres pessoas que estavam tentando eram as mais enredadas nessa armadilha.

Midtown — olhe em direção ao leste, para coisas bonitas e interessantes à venda. Volte os olhos para o oeste

---

2 Lanchonete automática na qual as comidas e as bebidas ficavam em pequenos gabinetes que se abriam mediante o pagamento em moedas. A última a operar em Nova York fechou as portas em 1991. [N.T.]

— um emaranhado de bêbados, atores, jogadores, garçons, pessoas que dormiam o dia todo com roupas íntimas encardidas e exalavam um odor nada fresco quando vestiam ternos e chapéus marrons de aba fina para as atividades incipientes da noite. Naquela época, essas pessoas de poucas conexões transmitiam uma atitude que às vezes era densa e tola, mas passiva; os rostos nas ruas ainda não tinham congelado em uma expressão de perigo e ataque, de malícia e destemor, o brilho cristalino da morte à luz do dia.

As lojas fúteis e pequenas ao nosso redor explicavam quão pouco sabemos sobre nós mesmos e quão desconcertantes são nossos suvenires e ícones. Observe os estranhos na cidade, pessoas pobres, atordoadas, tomando decisões, trocando moedas e notas por curiosidades incuriosas, novidades banais. A Sexta Avenida jaz enterrada em gavetas, gabinetes, caixas, sótãos e porões de muitos netos. Lá, escurecidos, estão os relógios mortos, os anéis alongados e ovais para o dedo mínimo, as peças lisas de madeira polida com o formato de uma cabeça africana de queixo longo, os chaveiros do Empire State Building. E havia lojas pequenas e barulhentas, estreitas como uma cela, abertas na maior parte da noite, onde se vendiam discos velhos, arranhados e desgastados de jazz e outros ritmos musicais afro-americanos, das gravadoras Vocalion, Okeh e Brunswick.

E os insidiosos clubes de jazz na rua 52, decorados com ampliações gigantes de retratos de rostos, instrumentos e nomes. Homens pequenos, mascando charutos, do lado de fora, no frio ou no calor, apresentando os nomes dos artistas e dizendo: Três Noites Apenas ou Última Apresentação em Nova York.

Na calçada, saindo de um táxi ou bebendo no White Rose Bar, lá estavam "eles", os grandes artistas com rosto pardo cansado, enigmáticos ao início da noite, a tosse, lábios rachados e olhos amarelos; roupas recém-passadas e brilhantes, rígidas como as penas de fibra óssea de um pássaro.

E ela muitas vezes estava lá — a "divindade bizarra", Billie Holiday.

Pessoas *reais*: nada parecidas com sua mãe e seu pai, nada parecidas com aqueles amigos de muito tempo atrás que agora moram sozinhos na casa da família, com as pratarias e os quadros, alguns abajures e telhado novos — enfim instalados, preparando-se para morrer.

À noite, no luar frio do inverno, por volta de 1943, o espetáculo da cidade era de um tipo agradável. Os adolescentes dormiam, e a ameaça estava apenas na paisagem, na estética. Lama nas sarjetas, uma galocha preta perdida, uma calcinha branca, talvez jogada de um carro que passava. A dissipação assassina acompanhava a música, inseparável, pele e osso. E sempre a autodestruição luminosa dela.

Estava gorda na primeira vez que a vimos, grande, vivamente bela, gorda. Parecia, naquele momento que nunca mais voltaria, ser quase uma matrona, uma pessoa real e sensata que levava dinheiro ao banco, assinava papéis, mandava fazer cortinas combinando, guardava vestidos e sapatos aos pares, dourados e prateados, pretos e brancos, prontos para o uso. Que estranha e traiçoeira aparição era aquela, loucura, porque nunca houve mulher menos esposa ou mãe, menos apegada; nem mesmo uma filha ela aparentaria ser com facilidade. Pouco lhe restava para lembrar a doçura lamentável de uma jovem garota. Não, ela era cintilante, sombria e solitária, embora, é claro, nunca estivesse sozinha, nunca. Imponente, sinistra e determinada.

Os lábios sedosos, as pálpebras oleosas, o perfume violento — e em sua voz as letras "ele" e "erre" tropicais. Sua presença e seu canto criaram uma enorme e crescente ansiedade. Unhas compridas e vermelhas e o som de guitarras elétricas. Eis uma mulher que jamais fora cristã.

Falar como parte do público branco que "conhece" esse fantasma barroco e intrigante é uma imoderação, e, no entanto, há muitas pessoas que possuem pequenos estilhaços de memória que parecem ter sido *pessoais*. Às vezes, elas se lembram de algum tipo de troca. E, é claro, as gardênias lascivas, usadas como uma orelha grande, branca e bonita, o riso pesado, os dentes maravilhosos e a cabeça esplêndida, arcaica, como se tivesse vindo do Egeu. Às vezes pintava o cabelo de vermelho, e os cachos jaziam rentes ao crânio, como sangue seco.

No início da semana, os clubes ficavam *mortos*, como diziam. E o arrepio do fracasso estava por toda parte, sempre visível nos olhos frios dos proprietários. Esses homens, sempre mudando, estavam cansados de cálculos ansiosos. Muitas vezes, mantinham a propriedade por tão pouco tempo que mal se podia acreditar que a tinta da licença havia secado. Começavam com a esperança do fraudador e passavam rapidamente para o torpor do falido. Os garçons — magros, atentos, teimosamente desonestos, ressentidos, ladrões silenciosos. Soldados errantes, bêbados e preocupados, músicos e umas poucas pessoas, casais, olhando nos olhos uns dos outros, como se estivessem seguros.

Meu amigo e eu, peculiares e tensos, experimentamos naquelas noites tranquilas uma alegria contaminada. Então, mostrando nossa fidelidade, parecia que uma espécie de *motif* se revelaria, que sob o verniz seriam descobertos padrões antigos de um mundo perdido. A mente se esforça para recuperar os espaços em branco da história, e nossos olhos pálidos, verde-acinzentados, olhavam para as piscinas escuras e inconstantes dela — e nada recebiam de volta.

Na presença dela, naquelas noites desalinhadas, noites em que artistas de todo o mundo sorriam, dançavam ou pretendiam ser príncipes da antiguidade, oferecendo seus atos a salas mortas, era impossível escapar das profundezas da descrença dela, recusar a liberdade mesquinha e horrível de uma suspeita selvagem do destino. E, no entanto, o coração sempre se afastava do poder da vontade dela e de seu envolvimento com o desastre. Uma inclinação nutrida por experiências punitivas a obrigava a viver de maneira gregária e sem afeições.

Bem, é uma vida. E alguns sempre ficam por perto, como sempre há alguém à noite encostado no monumento do parque.

Um niilismo genuíno; genuíno, olhe outra vez. Olhares apaixonados dizendo: Linda estrela negra, você pode me amar? A resposta: Não.

De alguma forma, ela havia recuperado da escuridão o milagre do estilo autêntico. Era isso. Somente um tolo imaginava que era necessário amar um homem, amar alguém, amar a vida. Sua própria gente, aquela gente a seu redor, a temia. E talvez até mesmo ela muitas vezes se envergonhasse do peso do próprio espírito, que nunca cedeu ao alívio do sentimentalismo.

Em minha juventude, no Kentucky, havia um salão de dança na saída da cidade chamado Joyland Park. No verão, as grandes bandas chegavam, Ellington, Louis Armstrong, Chick Webb, às vezes para a sexta-feira e o sábado ou para apenas uma noite. Quando falo das grandes bandas, não deve ser entendido como se pensássemos nelas como tais. Não, elas faziam parte das noites de verão e das barracas de cachorro-quente, da piscina fétida carregada de cloro, da montanha-russa estridente, das velhas mesas de piquenique respingadas pela chuva, dos balanços de ferro quebrados. E as bandas também faziam parte da bebedeira sulista, dos casais que tomavam uísque com Coca-Cola, vomitavam, eram infiéis, apaixonados, frenéticos. Os músicos negros, com instrumentos pesados e smokings, estavam lá simplesmente para marcar o ritmo do foxtrote cambaleante e aconchegante da época.

Os ônibus da banda, estacionados no campo, as caravanas nas quais os músicos sofriam a noite toda com lixeiras abarrotadas de cigarros e garrafas, as rodovias quentes e escorregadias, ou o descanso por algumas horas nos alojamentos negros: a *via dolorosa* do *show business*. Enfim chegavam ao meio do nada a fim de se apresentar para públicos grandes ou pequenos, e isso muitas vezes não dependia dos músicos, mas do calendário do parque, das outras ocasiões em que uma multidão transbordava do salão de dança. A banda de Jimmie Lunceford? Nunca tocam uma série lenta?

Em nossos bailes do colégio no inverno, eventos locais pequenos e baratos. Com nossos cabelos cacheados, vestidos de tafetá vermelho, sapatos de cetim cuja pintura recente desbotava nas poças de chuva; acima de tudo, estávamos vestidas com nossa feroz esperança de popularidade. Isso era um cobertor quente, uma barraca sem ar; ofegantes, sorridentes, estávamos com os olhos ansiosos, ao lado do piano, rodeando Fats Waller, que viera de Cincinnati para a ocasião. Pedidos, olhares insolentes, adolescentes bêbadas, professores acompanhantes assentindo com a cabeça: era isso que oferecíamos à música, encarando-a, suponho, como algo inevitável, algo que surgia do solo sem esforço.

Na rua 52: Sim, eu me lembro de sua cidade, disse ela, sem inflexão alguma na voz.

E me lembro do cachorro dela, o Mister. Ela era daquelas mulheres que admiravam cachorros grandes, imponentes e impressionantes e lhes oferecia um cuidado e uma pontualidade cortês negados a todos os demais. Várias vezes esperamos em pânico por ela no bar do Hotel Braddock, no Harlem. No Braddock, porteiros levavam até o quarto dela pratos de carne para o cachorro. E então um de seus amigos, um que parecia quase um menino — tão abalados estavam os outros com os horrores enérgicos e poderosos da vida dela —, levaria o grande cão para a rua. Esses animais, adormecidos nos camarins dela, eram como tesouros esculpidos, dignos do túmulo de uma rainha.

A enormidade absoluta de seus vícios. A ousadia deles. Para a grande destruição, é preciso ser digno. Seu talento implacável e a opulenta devastação. Além do pesado vício em heroína, ela empilhava as pedras de seu túmulo com uma prodigiosa quantidade de uísque e conhaque. Nunca estava livre desse consumo a qualquer hora do dia ou da noite, exceto quando dormia. E não parecia haver necessidade de desistir, de mudar. Com uma raiva fria, ela falava de várias tentativas de cura que lhe haviam sido impostas e dizia com firmeza, tão segura de seus direitos como se tivesse sido roubada: E eu mesma paguei por isso. Depois de passar um período na Prisão Feminina Federal, na Virgínia Ocidental, no mesmo dia em que foi libertada subiu ao palco do Town Hall, inchada por causa de uma dieta à base de batata, para fazer algum dinheiro e recomeçar a vida.

Ainda assim, até mesmo no caso dela, a autenticidade às vezes era deixada de lado. Uma vaga agitação na mente, e, por apenas um momento, um estereótipo irrompia e ficava suspenso como um balão sobre a cabeça da heroína em um quadrinho. A garotinha com seu esfregão, roupas no varal, a esposa no fogão, um prato ou dois, velas. Um convite para comer um chili: *minha vez*.

J. e eu fomos até uma rua no Harlem justamente quando o céu de inverno escurecia. Janelas sombreadas em cujos peitoris cintilavam, vigilantes, estreitas faixas de luz. Lá dentro, os corredores apagados e vazios, ocupados apenas pelo cheiro de poeira. Nós, com o rosto descorado pelo frio, casacos finos e luvas pretas, tínhamos colada em nós a insegurança evangélica dos membros de seitas religiosas que tocam a campainha das casas para pregar sua doutrina. Uma determinação glacial, acanhada e, ainda assim, pedante. O desespero e o fascínio congelados nos arrastavam para o vazio do velho e morto cortiço. A casa estava interditada pela polícia, em parte fechada com pedaços de metal. Um policial estava sombriamente de guarda perto da varanda. Quando sussurramos o nome dela, ele nos encarou com uma incredulidade furiosa. Foi perseguida pela polícia, mas, pela primeira vez, a acusação não era contra ela. Em algum lugar, no andar de cima, atrás de outra porta, havia ocorrido uma catástrofe.

Seus discos tocavam sem parar na vitrola; tudo mais estava em silêncio. Todos os lugares em que ela morava eram temporários no sentido mais estrito do termo. Mas ela podia preencher até mesmo um quarto escuro de hotel com um peso demoníaco e penetrante. No momento, morava com um trompetista que estava se tornando famoso e logo em seguida desapareceu completamente. Era magro como uma vara, e seu rosto amável, redondo e iluminado, com olhos esféricos assustados e brilhantes, parecia um sacrifício empalado no topo do pescoço. O irmão mais novo saiu do quarto. Parou diante de nós, oscilando entre possibilidades confusas. Pequeno, magro, na casa dos vinte anos talvez, o jovem estava absorto em um conjunto de funções. Era uma espécie de Hermes frenético trabalhando no Hades, ora comprando cigarros, ora voltando para o quarto, ora falando quase inaudivelmente ao telefone, encomendando ou descartando algo com uma voz leve e trêmula.

A Dama está um pouco atrasada. Assumiu compromissos demais. Gemidos e tosses vindos do quarto. Na luz do abajur cor de pêssego, via-se o tênue tom rosado de um sofá surrado. Uma concha, ainda corada pelo nascimento de algum tipo de vida, repleta de cigarros. Meia de seda no chão. E a vitrola, sem parar, com o auxílio radiante de suas canções. Fumaça e perfume e, em algum lugar, um coração batendo forte.

Em um inverno, usava um grande casaco de lince e com ele se movia, ameaçadora e bonita como um cossaco, presa na armadilha de sua vitalidade. Sonhos conflituosos às vezes se precipitavam em sua fala e nos relatos dos ferimentos que infligira com vidros quebrados. E, no White Rose Bar, mil cigarros pontuavam suas aparições, as quais, não apenas pelo brilhantismo, mas pelo fato de estarem acontecendo, tinham o aspecto de magia. Esperar e esperar: era nisso que consistia a busca por ela. A sensação era a de ser um velho cavalo de carruagem parado na entrada, pronto para a fria corrida da meia-noite pelo parque. Ela estava sempre atrás de uma porta fechada — o destino daqueles viciados em qualquer coisa. E então, por fim, precisava aparecer, despontando em talco e vaselina, o cabelo ondulado com um modelador de cachos, luvas de cetim ou jérsei de seda, flores — o oneroso martírio da "artista".

Naquela época, muitos dos seus discos não estavam disponíveis, e ela era pouco ouvida no rádio porque sua voz não condizia com o gosto popular de então. As apresentações em casas noturnas eram uma necessidade. Era um fardo estar lá noite após noite, embora não fosse um fardo cantar, quando ela se dispunha a fazê-lo à sua maneira. Sabia que podia fazer isso, que tinha dominado tudo, mas por que não perguntar: Isto é tudo o que existe? Seu trabalho assumiu gradualmente uma forma destrutiva, como ocorre com frequência com os grandes talentos, condenados a repetir para sempre seus ápices de inspiração.

Estava atrasada para o funeral da mãe. Enfim chegou, ferozmente apropriada usando um turbante preto. Vários músicos de jazz estavam lá. A luz do fim da manhã caía impiedosamente em seus vacilantes rostos noturnos. Durante o dia, todas essas pessoas, com exceção dela, tinham um aspecto furtivo e suburbano, como homens de família que trabalham no turno da noite. As marcas de uma domesticidade fragmentada — sinais de uma vida real que, por si só, é quase uma existência secreta para o artista — estavam à deriva na pequena igreja, acentuando a estranha irrealidade.

Sua mãe, Sadie Holiday, era baixinha e sentimental, desconcertada por ter trazido ao mundo aquela novidade. Ela se esforçava para *infiltrar-se* na vida de Billie, mas não havia espaço nem utilidade para ela. De tempos em tempos, trabalhava em pequenos restaurantes que gerenciava sem nenhum talento e logo fracassava. Nunca alcançou o objetivo de sua vida, o sonho profissional, que era ser "a camareira de Billie". As duas mulheres não tinham nenhuma semelhança, nem no rosto, nem no corpo. A mãe parecia viver cada dia com a esperança indisfarçável de um bebê e terminar cada noite com um pequeno grito de desapontamento. Sadie e Billie Holiday eram uma violação, uma falha nas estatísticas da vida. A grande cantora era uma daquelas pessoas para as quais a palavra *changeling*[3] fora inventada. Compartilhava o destino espetacular do *changeling* e era familiarizada com as forças do mal.

Billie viveu até os quarenta e quatro anos; ou melhor, morreu aos quarenta e quatro anos. De "graves complicações". Foi uma vida longa ou curta? Os "pontos altos" que ela buscava com tanta concentração permaneceram um mistério, é claro. Culpo Jimmy por tudo isso, disse alguém em um táxi referindo-se ao primeiro marido dela, o fabuloso dono de um clube no Harlem na época em que ela era jovem.

Certa vez ela veio, acompanhada, nos visitar no Hotel Schuyler. Ficamos sentados ali, em um ambiente de desordem organizada, sem nada para fazer e nada para dizer, e ela sem vontade de comer. Naquele intervalo angustiante, senti a mais profunda melancolia em seus olhos negros. Morreu em sofrimento devido às erosões e aos venenos de seu narcotismo fervoroso e doloso. A polícia estava ao seu lado no leito do hospital, vigilante para que ela, em coma, não conseguisse fazer uma última migração química interna.

Sua vida inteira transcorrera no escuro. Os holofotes refletiam sobre o círculo sombrio e silencioso de um café; a lua deslizava lentamente entre as nuvens. Noite — trabalhando, sorrindo, usando maquiagem e vestidos longos e sedosos, cantando sem parar, repetidamente. O objetivo de tudo isso é somente cair no sono quando os primeiros raios de sol começarem a ameaçar as pálpebras teatrais.

A estrela, a grande pessoa, vista à noite, não se mistura na memória com sua história sombria. J. — você se lembra da Lena, aquela que varria o carpete do hotel, com seu *sangue* português, indígena e africano? Era ela uma ou três almas desastrosamente à deriva? Lá está ela amassando uma banana em uma tigela pequena e a espalhando em um pedaço de pão. Em um dia chega com uma energia maníaca e esbanjadora;

3 *Changeling* designa uma criança descendente de algum ser mítico que fadas deixam no lugar de um bebê humano sequestrado por elas. [N.E.]

no outro, com um desânimo e uma languidez inesperados. Às vezes a víamos caminhando na rua como uma mulher indígena, lenta e simples. Em outras vezes ela vinha tão selvagem, florida e brilhante como um pássaro.

No saguão do hotel, músicos cansados, óculos escuros, a palidez da privação de sono, sobretudos opressivos, suas esposas loiras e cansadas. Criaturas cansadas do saxofone, do trompete, do baixo; agentes suados à espera. A "vocalista" carregando no braço um monte de vestidos longos.

Eu conhecia bem os ocupantes dos antigos quartos mobiliados nos arredores de Columbia. Tinham um aspecto residual, turvo, derrotado, espíritos deprimidos vivendo em um território conquistado. O descontentamento das pessoas no Hotel Schuyler era assaz diferente. A maioria delas era fracassada, mas vivia exultante por esperanças irreais e planos irrefletidos. Bebiam, brigavam e fornicavam. Acumulavam faturas vencidas, mentiam e lutavam contra a confusão com deboches moderados. Não eram pobres, mas estavam sempre um pouco "atrasadas". Indomesticáveis, inquietas, duvidosas, inconstantes, desleais. Não eram solteironas, mas divorciadas, não eram solteirões, mas *bons vivants* decadentes, desertores da vida familiar, da pensão alimentícia, do sustento dos filhos, de empréstimos havia muito apagados da memória. Bebiam por três dias e ficavam sóbrias por três. Pessoas com carteirinha do sindicato — acrobatas, funcionários de salões de dança. Aquele espetáculo foi terrível, diziam sobre o que estava em cartaz no Radio City Music Hall.

Diga, é verdade que um mau artista sofre tanto quanto um bom? Havia muitos artistas no Hotel Schuyler, mas não davam sinais de que sofriam com o fracasso de sua arte. Talvez a arte tenha mudado de nome e aparecesse na mente deles como outra coisa: emprego.

A tristeza dos anos perdidos de prática, as lições, os exercícios, os músculos alongados, os sopros no trompete, o sapateado, o tango rodopiante, a angústia do violino. É muito para pensar. Até mesmo para essas pessoas o horror da maestria havia sido delas. Pareciam vir de cidades pequenas de estados grandes, como Nova Jersey ou o norte de Ohio. O semblante delas refletia a desolada superfície urbana, o provincianismo oscilante dos antigos subúrbios próximos a rodovias. A velhice era inimaginável. Quando, para onde? Talvez, talvez os amantes se tornassem viúvos na hora certa, e alguém, em algum lugar, lhes daria uma pequena propriedade. Por que não? Era sabido que isso acontecia. Velhos libertinos e "modelos" — afinal, eles não eram balconistas, atendentes de postos de gasolina ou merceeiros. Eram apenas aqueles que queriam desfrutar bons momentos, divertir-se, ficar barrigudos e estufados com uma companhia animada e barulhenta. Os funcionários noturnos, roedores de olhos vermelhos, rostos cinzentos, homens que haviam passado a vida inteira no turno da noite, que saudavam a manhã como a hora de fechar as persianas — como eles invejavam os inquilinos, os sortudos pelos quais nunca passamos na vida sem perguntar: do que vivem?

Meu amigo, nosso *mariage blanc*... as coisas continuaram por um ano mais ou menos, e então nos separamos. Houve algo de divórcio em nossa despedida. Brigas, raiva e tédio, cada um com a própria personalidade e a do outro.

Em seus amores, J. sofria de ataques de otimismo, um frenesi destrutivo desconhecido para mim. Um encontro, uma atração, despertava nele uma possessividade intensa e agitada. Corria para o futuro ao primeiro olhar, arrastado por uma necessidade de conexão que prolongasse o momento antes mesmo de ele ter início. Era um daqueles que encaram olhos novos e dizem: Agora, sim, serei feliz.

E, no entanto, mal se passava um dia para que uma sombra, uma relutância caísse no espaço, uma diferença pequena ou grande, um desequilíbrio. Alertado para a rejeição logo após o entusiasmo e a esperança, ele teria então de recuar. Ele se tornaria sardônico, provocador, inteligente, epigramático.

Como ele sofria, sempre apoiado apenas pelo poder feroz de seus hábitos, por uma disciplina que o consumia.

As transformações e os milagres da vontade não estavam fora do alcance de J. Ele era muito bonito, mas também delicado, roliço e determinantemente contrário aos esportes como se tivesse nascido com alguma deficiência. Mas um ano ele deu início à recriação de si mesmo em uma terrível competição diária com halteres, flexões, exercícios excruciantes. E aos poucos o pescoço engrossou, o peito se expandiu, os músculos dos braços se tornaram visíveis. Uma portentosa força vital havia invadido seu ser, preservando seu eu intacto, embora sempre acompanhado por um gêmeo estridente e desportivo, um gêmeo que o desafiava pela manhã e novamente à noite, pedindo tempo, fôlego, dor, suor. Com um esforço enorme, ele enfim conseguiu se parecer com os outros.

J. saiu primeiro do hotel, e para seu quarto se mudaram uma garota de programa e seu cafetão. Ela se chamava srta. Chadwick e era sulista. Ouvi a notícia com desespero. A cumplicidade nos entrelaçava, e o sorriso dela voltava para mim como se eu estivesse me olhando em um espelho. Ela me mostrou uma foto do filho pequeno. Onde ele está? Mamãe o está criando, disse ela. Isso foi tudo. Adeus.

Adeus? Omiti meu aborto, omiti ter fugido dos médicos pálidos e assustados e de suas esposas amareladas e furiosas nos consultórios sujos e separados por cortinas na avenida West End. Por que você está gritando? Eu nem sequer a toquei, disse o médico. A esposa dele me levou até a porta, as mãos tão firmes e punitivas em meu braço como uma investigadora efetuando uma prisão. Nunca mais volte aqui.

Acabei caindo nas mãos de um alegre médico negro que nunca perdeu um paciente e fumou charuto o tempo todo. Ao terminar, entregou-me um cartão. Era propaganda da funerária que também administrava. Dá para acreditar nisso, querida?, disse ele.

— • —

O Hotel Schuyler não existe mais. Os elevadores pouco seguros, as suítes empoeiradas da "cobertura", os fornos gordurosos e fumegantes das "unidades do tipo apartamento", as poltronas esburacadas — uma vida perturbada perto do Harvard Club, do *New York Times*, do antigo Hotel Astor, do Algonquin, do Brentano's. Nos corredores, às vezes se ouvia o choro de um bebê — o filho de alguém de passagem —, um som de outro mundo. Os inquilinos irregulares ficavam mais tristes quando recebiam visitas de parentes, ex-esposas, filhos adultos. Andavam envergonhados, como se tivessem sofrido um acidente. Filhas e filhos desapontados logo iam embora, as esposas voltavam para casa, e, no Schuyler, mais uma vez livre, nosso pessoal retornava para suas depravações, suas contas e aquela mácula de paranoia — limitada, intacta — que todos usavam como uma tatuagem.

PARTE QUATRO

Foi isto o que vi ontem de manhã através das janelas altas e antigas do meu apartamento. O reluzente céu matinal daquele dia tinha uma rara maciez azul e branca, como se um aspirador de pó tivesse percorrido os céus cumprindo seu dever semanal de limpeza. É difícil distinguir a natureza na cidade, e tudo, por dentro e por fora, assume o aspecto de uma incansável faxina. Alguém deixou o café transbordar; deve ser neste andar. Não há sol do lado norte, apenas a luz apaziguadora. Ali, na rua 68, vejo uma igreja moderna, e a visão dos fundos, de cálidos tijolos vermelhos, é uma espécie de *bella vista*.

No andar superior da igreja, durante as manhãs, funciona uma creche para crianças de até cinco anos. Colados nas janelas estão recortes de árvores rosa e verdes, maçãs vermelhas e um barco azul inclinado. As crianças tinham ido de uma sala para outra. No cômodo desocupado, de repente vi um garotinho se aproximar da janela aberta. Em seu rosto havia sinais de profunda concentração e pressa — o semblante franzido e determinado de alguém mais velho.

Para começar, atirou uma pequena bola amarela, uma bola do mais puro amarelo, como a cor da primeira florada de forsítias no Central Park. Virou-se para trás com pressa, e novamente sua mãozinha atravessou a janela, dessa vez deixando cair uma caixa pintada. Desapareceu por um segundo, e de novo a mão atravessou o espaço exterior; dessa vez, um pequeno livro caiu de seus dedos. A bola amarela, a caixa e o livro aterrissaram em uma beirada grande e plana. O menino não é mais visto na janela, seu ímpeto destrutivo chegou ao fim. A chuva caiu à tarde sobre a beirada, diluindo a tinta laranja da caixa. O pequeno livro foi levado ao sabor da chuva e do vento, acumulando umidade. Somente a bola amarela permaneceu a mesma, reluzindo, inalterada, com seu brilho plástico.

Foi isto o que ouvi à noite. Na festa, todos eram inteligentes e agradáveis, mas não particularmente atraentes. Nenhuma daquelas pessoas talentosas havia trazido uma jovem nova e bonita, que, por ser nova e não saber todos os nomes, pareceria rude e superior, lançando flechas dolorosas na carne dos mais velhos famosos por alguma coisa. Os óculos refletiam a luz sutilmente. Os acadêmicos, como os antigos barões do Império, tossiam títulos e universidades, e ainda assim os reconhecimentos rapidamente se apagavam e o semblante de cada um voltava à resignação causada por tantas palestras e aos sorrisos dóceis e desinteressados dos alunos.

O anfitrião e a anfitriã eram muito inteligentes e, portanto, ansiosos, entediados e satisfeitos. O apartamento deles na rua 80 Oeste era tipicamente urbano — o lar de um casal jovem e brilhante em que o homem paga pensão alimentícia. Filhos pequenos os visitavam nos fins de semana e dormiam no escritório da esposa ou do marido, de qualquer um dos dois que trabalhasse em casa. Livros, discos e quadros, algumas peças bem cuidadas de mobília antiga, vários tapetes e almofadas bonitos, grandes plantas na janela voltada para o sul. Panelas de cobre, algumas pratarias antigas, caçarolas esmaltadas na impecável cozinha quadrada.

Uma mulher disse: Não se pode pedir permissão para deixar alguém. Foi nisso que ele errou.

E, se a permissão viesse, ele ficaria furioso.

Exaustivo.

Divórcios e separações — essa é a maneira de chamar a atenção. Todos examinam a própria situação, e alguns dizem:

Que estranho, eles eram muito mais felizes do que nós. Há ruas nos arredores da 90 Leste em que jovens casais na onda do sucesso compram sobrados e investem muito dinheiro para reformá-los, expondo a madeira velha, eliminando a pequena varanda da entrada para que os bêbados não possam ficar ali e destinando um andar inteiro para as crianças não os incomodarem. As tensões, as despesas e a casa, um mausoléu com o nome dos dois à espera das datas, levam o casal à separação. Tais ruas são chamadas de Corredor da Morte.

Duas mulheres recém-divorciadas se aproximaram de mim com a expressão inquisidora e séria. Você se sente só?, perguntaram.

Nem sempre.

Isso é maravilhoso, disse a primeira, sorrindo. A segunda disse, seriamente: Fantástico.

Como eram agradáveis os cômodos, como eram reconfortantes as angústias dos nova-iorquinos, sua insônia preenchida por palavras, sua paciente exegese de terrores surpreendentes. Divórcio, abandono, o inaceitável e o inatingível, enfado repleto de ação, anos de meia-idade tristes e tumultuados abalados por acidentes, desenraizamentos, golpes, renovações desesperadas. Fraquezas descobertas, forças ocultas desmascaradas, previsões, o que vai durar e o que está condenado, o que vai começar e o que vai terminar. Trabalho e amor; os ociosos imaginando o prazer dos trabalhadores. Os trabalhadores e seus semblantes interrogativos: Quando algo novo virá para mim? Afinal, sou uma espécie de vitorioso.

Falou-se sobre pobreza. A pobreza está muito grave este ano, disse alguém. Falou-se sobre uma viagem ao México, sobre um período sabático, sobre alguém bem doente, sobre um romance do qual se gostou e do qual não se gostou nada, sobre alguém que bebia demais, sobre pessoas na meia-idade que começaram a pintar (esposas rejeitadas, na maioria), sobre Nova York e New Haven, sobre a criatura mais rápida da natureza, a barata.

Comecei a conversar com uma bela mulher de quarenta e poucos anos. Seu nome é Judith: muito magra, cabelo castanho curto, espesso e encaracolado, usado no estilo africano que confere, pelo menos aos rostos brancos, uma aparência de alegria e saúde quase alarmantes.

Judith não é uma mulher feliz. Mas há algo de uma felicidade radiante em suas más escolhas, certa adequação estética e uma ordem em suas lamentações. Ela é pesquisadora, tem um sorriso branco e cintilante, com dentes talvez um tantinho grandes demais para a tristeza e olhos lindos, perfeitamente adequados ao caráter, olhos que brilhavam como se estivessem prontos para chorar.

Ela tem doutorado, um título muito agradável e surpreendente, já que sua vida se resumia a amor e desilusão, como se tivesse sido mais cortesã que acadêmica. Usava calça de seda preta e blusa florida de chiffon. Suspirava por trás do sorriso, com a resignação da experiência, a resignação do harém. Todas as novidades que contava eram ruins, e então sua conversa era pontuada por "é claro" e "naturalmente".

Sim, eu tenho alguém, mas ele mora na Califórnia, naturalmente. É claro que não se pode chamar isso exatamente de *ter*.

De repente, começou a falar do filho. Um desastre. Você quer mesmo ouvir? Neste momento, onde ele está? Foi embora, pediu para sair do hospital e não quis ficar em casa. Ele tem vinte e um anos. Eu me casei muito jovem, é claro, é claro. O pai — que pai? —, acho que está na Flórida. Não, ele não é presente — naturalmente. Sem dinheiro. Criei o menino sozinha. Meu pai ajudou bastante. Essas coisas custam uma fortuna. É inacreditável.

E agora? O garoto não faz nada, na verdade mora com um casal, ambos psiquiatras, e supostamente está sob terapia. Eles me odeiam, naturalmente. O período que passou comigo, há alguns meses, foi um pesadelo.

Eu telefono. Eu telefono muito para ele, mas não fala comigo. Eu queria que ele fosse para um lugar muito bom em Connecticut. Ele foi e simplesmente saiu... Sim, deprimido principalmente, mas depois se agita e fica violento.

Ela fuma, bebe uma taça de vinho, come um pouco de queijo. Drogas? E você ainda pergunta? É claro. Mais anfetaminas que qualquer outra coisa. Ele está horrível, macérrimo, um esqueleto... Quase mudo, exceto quando está drogado, então ele ri muito. A pele é um desastre, muito pálida, quase verde... Não, não, era bonito na infância. Também não era burro, naturalmente.

Ela baixa os olhos. Essa situação com ele nunca será resolvida, nunca.

Judith ficou quieta, contemplando as dez pragas. Ela é egípcia ou israelita? É a portadora ou a receptora das pragas? E os amantes no quarto ao lado do berço? Será que ele se parece demais com o pai? Será que ela quer ter vinte anos outra vez? Não está claro como o veneno passa de uma pessoa para outra, mas Judith foi acusada mais vezes do que um agente de apostas.

É só o início da primavera e ela já está bronzeada, um dourado suave na pele. Ela gostaria de fazer melhor, algo sacramental talvez, mas, em vez disso, apenas sobe solitária ao telhado, com um suéter, para virar o rosto pálido para o sol.

Um frenesi repentino. Que dia é hoje? Deus, quinta-feira. Sempre ligo para meu filho na quinta-feira à noite. Aquela psiquiatra vadia atende, e daria para pensar que sou alguém cobrando dívidas ou passando trote. Então o psiquiatra-marido entra em cena: Deseja alguma coisa? Então o menino atende e não fala nada. Por fim diz: Claro, está tudo bem aqui.

Ela procura a bolsa. Quinta-feira à noite. Eles querem que eu esqueça, naturalmente. Todos os três. Mas não posso esquecer. Porque aí se lembrarão de que eu esqueci.

Acomoda um xale preto sobre seu traje de serralho e sai correndo. À porta, oferece seu pequeno e hesitante sorriso de infortúnio. Como é bonita, com a cabeça cacheada, os dentes grandes e tratados e o broche de diamante de seu doutorado. Os homens a maltrataram, um maltrato leve, como se fala de um caso leve de, digamos, bronquite. Ela provoca esse maltrato com seu charmoso descontentamento de harém, com seus véus de infortúnio através dos quais seus olhos reluzem com uma curiosa esperança irônica. Boa noite, Judith. Tome um drinque antes de telefonar.

Uma cidade de mulher, Nova York. As moradoras de rua em andrajos sentam-se tão intimamente abraçadas a seu fardo de lixo que este passa a fazer parte de seu corpo. A cabeça, envolta em um velho pedaço de flanela, emerge dos restos de um melão manchado. Feridas lamentáveis e inchadas pingam vermelho ao lado de um saco de tomates. Uma senhora segura um frasco de perfume vazio com uma articulação no topo, indistinguível de seu dedo. Elas e seu lixo são um crescimento parasitário carregado de sofrimento; o vidro quebrado grita, as veias quebradas choram; os dedos dos pés doem com a dor da bota cortada.

Alguém tenha piedade delas. E piedade da srta. Cramer, minha antiga vizinha, que precisou se mudar para uma casa menor na esquina, perto da delegacia abandonada, em meio a edifícios de tijolos vermelhos que estão à espera do carrasco.

Segunda-feira de inverno. O que aconteceu com você, srta. Cramer? Estamos em dezembro, e o Natal se aproxima. Há uma rena na janela da fumegante lavanderia chinesa; uma guirlanda de papel com motivos natalinos na janela da feroz prostituta e uma árvore iluminada na loja de ferragens desde o Dia de Ação de Graças.

O que aconteceu com a impertinente professora de música, a *mezzo-soprano* fracassada que recebia os alunos com sonoros olhares ameaçadores, avaliando-os como se fossem produtos remanescentes pedindo para serem reparados e usados?

A srta. Cramer no inverno usa um vestido de seda estampado, sujo aqui e ali formando uma nova padronagem de danos. Calça sapatos de lona rasgados e não usa meias para cobrir as pernas machucadas e desbotadas, não usa nada para ajudar os pobres tornozelos nus cobertos de crostas de sujeira. E recentemente sofreu uma perda irreparável: seus dois poodles pretos. Animais vivazes e resplandecentes, de criação perfeita como ela, acostumados a receber uma dúzia de beijos nos focinhos pretos e frios todas as manhãs.

Quando nos mudamos para a rua 67, eu aplaudi seu automóvel maravilhoso e imaginei que seu apropriado sotaque britânico a ajudasse a dirigir. Nos primeiros dias de verão, o carro saía da garagem para passar a temporada em Catskills. Venha ver a srta. Cramer em seu carro, eu dizia ao meu marido.

E lá estava ela com um chapéu de feltro masculino, a capota do milagre de vinte e cinco anos rebaixada; ela — imponente como o capô preto vistoso do carro com focinho prateado semelhante ao de uma raposa — sentada no lustroso couro de cor havana. Seguia em direção à Broadway, habilmente girando as mãos e apontando os braços para a direita e para a esquerda nos sinais agora arcaicos, recebendo a admiração dos transeuntes por seu maravilhoso esforço de conservação. Está deixando o velho e grandioso apartamento de dois andares para veranear, abandonando sem sentimentalismo as vozes esganiçadas e inseguras que ensaiavam "Dové sono", "Un bel di" e "The Last Rose of Summer".

Naquela época, morava com ela a mãe idosa, uma tirana de esnobismo primitivo que, à medida que envelhecia, voltava a queixar-se de antigos assaltos, criadas ladras, parentes mal-intencionados. A mãe era como a velha que Herzen menciona em suas memórias, aquela que não conseguia perdoar Napoleão pela morte prematura de sua vaca favorita em 1812.

Na véspera de Natal, a srta. Cramer usa o mesmo vestido estampado e um suéter curto de tricô. Os farrapos de lona mal protegem seus pés. Para a autocrata, a pobreza veio como uma escavadeira, desarraigando as pretensões, a educação musical, as viagens a Bayreuth. A mãe morreu, os verões desapareceram, as vozes se calaram. Do apartamento saíram o piano e o lixo de duas décadas e meia, o espetacular lixo estadunidense, inglês e europeu. A srta. Cramer mudou-se para o fim da rua, e a mudança foi uma descida na montanha-russa: cabelos ao vento, bugigangas arrancadas das orelhas e dos dedos, o coração batendo forte e a cabeça cheia de uma estranha rajada de ar que nunca mais foi liberada e parecia ainda estar soprando atrás de sua testa, ondulando os cílios escuros.

Como vai, srta. Cramer?

Muito bem, obrigada, responde ela sem sorrir, mas ainda conservando a voz rouca e potente.

Hoje ela faz uma pausa no final do quarteirão, onde caminhões, táxis e carros trafegam e buzinam furiosamente. Aproxima-se de uma carcaça aterradora de grande individualidade, uma mulher negra que entra e sai do bairro, percorrendo as ruas com velocidade propositada. Ninguém jamais viu a boca da mulher negra, já que uma espécie de turbante de lã está sempre amarrada na parte inferior de seu rosto. Medo de germes, desfiguração ou símbolo de silêncio? Ela tem três grandes sacos de lixo, maiores do que ela, os quais carrega sem esforço. Seu olhar sombrio de mulher *purdah* é forte e imóvel como uma rocha. Entra nos ônibus da cidade sem pagar passagem, e às vezes seu olhar é tão preto que o motorista encolhe os ombros, em pânico, e a deixa passar.

Ela e a srta. Cramer se encontram de repente na esquina e param por um momento. O vento é tão forte que uma garrafa de cerveja rola na sarjeta. Ambas são destemidas e se olham com amargura, com uma terrível inviolabilidade virginal, uma pureza dolorida. Elas não são objetos de consideração, não preenchem formulários nem aguardam correspondências. São gladiadoras, criaturas das trincheiras, acostumadas às ruas noturnas, à dureza do clima, à dor das pedras e à comichão da sujeira. Força louca, resistência hedionda, hostilidade e pesadelos encontraram-se por alguns segundos na esquina, mas me pareceu que não houve nenhum sinal de reconhecimento. As duas mulheres não sabem como se parecem, não enxergam a própria vida e por isso vagueiam em sua assustadora liberdade como velhos bois abandonados, totalmente desprovidas de recursos.

PARTE CINCO

Querida M.: Vi recentemente Alex A. na rua. Continua bonito. Suponho que, no que diz respeito a ele, essa é a primeira coisa em que se pensa — nisso e na sombra ondulante, a sombra da própria autocensura. Não gosta muito de si mesmo, justo ele, que é adorado por todos. Devo dizer que vestia uma linda capa de chuva, portanto a "apresentação" não foi muito alterada. Isso já é alguma coisa, não é? Mas qual é o propósito dele? Quero dizer, o propósito de sua vida.

Isso foi há um ano. E agora o ano é este. Chegou a hora dos coquetéis. O momento para o qual Nova York inteira trabalha, mente, se exercita, se apressa, se veste.

Nova York — esta não é uma cidade para pessoas pobres. A presença delas estraga tudo, tudo. Pavor — esse é o ar nocivo ao redor deles. Os ricos passam bem em suas pirâmides. Todos os objetos da eternidade estão à mão, para o caso de, ao longo dos anos, precisarem de algo lembrado ou esquecido. Um coração partido. Os faraós nem sequer precisam sair para espairecer de sua dor olhando vitrines, comprando coisas. Não, podem sentar-se em casa deprimidos, com um cobertor de pele aquecendo os joelhos, recuperando-se durante esse tempo. Todos sonham com um criado quando o ego é ferido, a vaidade, afrontada.

—•—

Para Alex, eu disse ao telefone: Você não pode imaginar como estou bem instalada, como pareço estar confortável, embora paupérrima.

São quase sete horas. Alex deveria entrar pela porta como se fosse um tipo, um gênero? Talvez esse esforço seja um erro. O que se quer é história, o homem de capa de chuva vestindo os laços de suas ideias, os botões de seu tempo. Alguns homens se definem por suas mulheres, embora pareçam acreditar no contrário; acreditam que são *elas*, e não eles, que estão sendo arquivadas, etiquetadas, finalmente nomeadas como uma célula trêmula sob o microscópio.

Lá atrás, quando cheguei a Nova York, observei que vários homens intelectuais, radicais, tinham um modo de encontrar mulheres ricas que os amavam da mesma maneira corajosa e arriscada de Desdêmona. Um escritor, pintor ou *filósofo* chegava ao porto, e uma mulher abastada gritava: *Evviva Otello!* As mulheres não eram necessariamente esfuziantes e despreocupadas. Na maioria das vezes, uma determinação impressionante, rude e franca as envolvia, como se fosse um sobretudo.

Talvez uma espécie de complacência perversa tenha levado mulheres afortunadas a resgatar homens inteligentes e mal-humorados cujas ambições e cujos talentos estavam longe de serem resolvidos, cuja inteligência era certa, mas cujo destino era um curvado e alarmante ponto de interrogação. Presentes tristes e definidores, livros lidos, ideias armazenadas — tudo intacto e abatido por uma vontade inconstante.

A inveja não é o vício do intelectual paralisado. Como ela pode se apoderar da mente quando o tédio se adianta, sempre antes do tempo, pronto e preparado? O tédio diante dos resultados daqueles que estão sempre trabalhando e produzindo, fracassando ou acumulando dinheiro e reputação, o tédio diante dos pensamentos comuns dispostos em tipologias cuidadosamente escolhidas, encadernados para a eternidade, com sumário, títulos de capítulos, pensamentos comuns vestidos com os mesmos casacos e chapéus das obras completas de Spinoza.

Tempo — isso é outra coisa. Com o intelectual hesitante, os anos voam como se fossem dias; a vida é encurtada por obras inacabadas, amareladas. O "livro" — um crescimento infestador que não cresce por si só, mas se adere, se dependura, um companheiro tumoral feito de células desordenadas de aprendizado, experiência e pensamento.

Algumas vezes, as mulheres endinheiradas com seus artistas e pensadores agiam como esposas, com sua paixão vigilante pela União Soviética, a enorme massa de terra que muito tempo antes havia despertado nelas a lealdade de sangue e a ternura sentida por um primeiro filho. E quais são os "poucos erros" de uma criança?

O *páthos* de projetos elevados que não podem ser deixados de lado por conta do quanto se investiu neles, das "partes boas", da pesquisa, dos arquivos, dos antigos esboços. Saudáveis o suficiente na quadra de tênis, para serem vistos na ópera, no balé, os inválidos misteriosos têm lá seu charme. Eles sabem algo muito bem, talvez bem demais.

À noite, o vinho pode reavivar o doutorado morto, e no calor o jardim repleto de ervas daninhas da ambição e do amor parece brotar com pequenas flores espinhosas e corajosas, como as de uma roseira antiga e malcuidada. É como a canção do hino, uma das muitas ofertas de consolo em Si bemol.

O sol se põe veloz,
O dia se vai findar;
Que o amor desperte e preste
Um sacrifício crepuscular.

E, no entanto, a esperança perene e resistente não pode sobreviver ao jantar. Esta é Nova York, com suas covas ao lado de seus bancos.

— • —

É noite de sexta-feira, outubro de 1973. Nevoeiro de poluição e má ventilação durante a longa tarde. Mais cedo, na Associação Judaica de Cegos de Nova York, um alarme contra ladrões foi de alguma forma acionado e emitiu um som violento. Não parou de tocar, como se mil ambulâncias gritassem pela cidade, assobiando, correndo, avisando de sua missão de resgate. O alarme soou sem piedade por uma hora. Começamos a imaginar os cegos com sua carne pálida, macios e embaçados de azul, tremendo nos corredores. Mil pequenas bengalas brancas tateando em pânico, cães-guia rosnando em seus peitorais.

Minhas plantas são trazidas das janelas da cozinha, ao sul, para descansar em recipientes na sala de estar. A cheflera instalada no vaso pesado subsiste em seu canto permanente, como um gato que nunca sai, ano após ano, ocupando por toda a sua vida poucos cômodos. ("A planta pode suportar períodos de pouca luz — janela norte ou leste ou até mesmo ambientes internos.") As folhagens urbanas pendentes brilham no escuro e sobrevivem graças a uma grande vontade de se acomodar. Lá estão elas, em toda parte, determinadas, esperançosas, como o frescor das noites no deserto.

Estou sozinha aqui em Nova York, não sou mais um *nós*. Anos, até mesmo décadas, se passaram. Então se fica fora do mais comum dos plurais, fora da estranha sociedade que começa como uma planície plana e vazia e logo se transforma em uma cidade de aposentos e garagens, pequenas mercearias na despensa, lojas de roupas nos armários e uma agência bancária onde nossos nomes estão impressos juntos para transações comerciais.

Sempre penso nos solteirões. Uma vida de pura decisão, de cálculos ponderados, cada predisposição honrada. Andam sozinhos, muito bem acompanhados em sua singularidade pela possibilidade. Pois qualquer homem, jovem ou velho, rico ou pobre, não pode virar algumas esquinas e dar de cara com o casamento?

Alex está vindo para um drinque; ele nunca se casou, mas, se é ou não um verdadeiro solteirão, essa é outra questão. Henry James, solteiro e conhecido por jantar fora com um fervor estatístico, tomou uma decisão cedo na vida e assim ficou livre para passar noites sociáveis sem ser incomodado pelos erros dos ambivalentes e descontentes que estão sempre saindo e, ainda assim, sempre se perguntando o que isso lhes trouxe de bom. Ser solteiro e ocupado — nada de ruim nisso. Essas pessoas fazem muito bem.

O solteiro bem afeitado e conservador evoca uma imagem de roupas arrumadas, calçados guardados em modeladores de sapatos, escrivaninhas de mogno com ornamentos de couro e antigos instrumentos de escrita de latão; copos, garrafas e baldes de gelo, cortinas e almofadas coordenadas escolhidas por decoradores ou amigas, tecidos listrados no sofá. Uma coleção de discos em ordem alfabética sempre bem espanada; uma simetria obsoleta, mas tranquilizadora — e certas ausências, como o banheiro sem espelhos de um homem cego.

Beethoven não se casou, Flaubert tampouco. Voltaire viveu trinta anos a mais que a amante, e o dr. Johnson, trinta anos além de Elizabeth. Ambos viveram uma solteirice povoada. Bom para eles. Mais sossegados que o materialista Goethe, com Ulrike, Marianne, Christiane, Charlotte, Gretchen, Käthchen, Friederike, Lotte, Lili, Maximiliane, Bettina e Minna.

Semana passada. Um jovem de repente descobriu que ganhara a mãe de presente. Vociferou de raiva, dizendo: Minha mãe entrou em colapso total, em colapso. Você está ouvindo, consegue imaginar o que isso significa? Já ouviu o som de um corpo caindo, caindo sobre você? Xingava, os olhos furiosos, xingava o pai por ter morrido no norte do estado de Nova York. O enredo estava explicado. Eles, os pais, brigavam sem parar, nunca se deram bem, desde o início. Ela odiava cuidar dele, cuidados parciais para alguém parcialmente enfermo. O rosto da mãe tinha, havia anos, um ar de planejamento: o rosto de quem pensava em viagens sozinha quando o pai morresse, em apólices de seguro, em um espólio interessante para analisar em uma tarde. "Uma viúva rica chora com um olho e ri com o outro."

A morte, no entanto, chegou como uma farsa. Em um instante, ela se anunciou como a parceira arruinada de uma aliança esplêndida, a sobrevivente paralisada e exigente de um passado afetuoso. O jovem, com cabelos loiros e olhos enfurecidos, de repente se tornou o desanimado e relutante zelador da última metade de uma união consagrada no norte do estado. Rangia os dentes ao ouvir o carro funerário do amor vindo em sua direção.

Inúmeros solteirões são gays, e muitos reivindicam uma bissexualidade esporádica com base em exemplos ínfimos... Alex não é gay. É indolente, ansioso, gosta de pessoas ricas e inteligentes de todos os tipos. É um esnobe, um dândi e um marxista. Por que deveria ser uma objeção o fato de ele se definir pelas coisas que tem talento para efetuar, e não pela soma daquilo que já concluiu? Lembre-se do sofrimento dele, tão parecido com o sofrimento da própria realização. Lembre-se de quão terrível é ser tocado na juventude pela asa da Musa, essa maldição ao longo da vida.

Alguns fatos. Alex trabalhou no Museu de Arte Moderna, escreveu resenhas de livros aos vinte anos, resenhas nas quais muitos pontos negativos chamaram a atenção. Escolheu como a obra de sua vida um livro sobre arquitetura democrática. Era de um lugar qualquer, Akron, e sabia o que significava para Hart Crane escrever cartas para casa destinadas a Ohio, Cleveland e Chagrin Falls. Para A. — Universidade de Michigan e um pouco aqui e ali, em Harvard e Columbia.

Ausência de vínculos e informações. Do que ele vive? Ele vive de imitar, de imitar o estilo que praticaria se tivesse mais dinheiro.

Talento e estilo podem irritar profundamente os pouco generosos, e mais pessoas são desprezadas por se superarem do que por viverem a vida com base em uma herança. Alex parecia estar à frente de seu tempo em uma coisa: uma atitude complicada e hesitante em relação ao casamento. Mas não era alguém pedante e por isso conseguia combinar o estado de solteiro com períodos longos, difíceis e confinados vivendo *mais ou menos* com uma pessoa, a qual sempre reivindicava a propriedade que constitui a tentação do casamento. O que ele mantinha em suspenso, o que a solteirice legal representava, era o seu graal, sua visão residual e indiferente da autorrealização.

Boa parte da vida de Alexander foi dedicada às mulheres. Grande parte do tempo passara fazendo amor. Esta noite, outubro, é nosso segundo encontro depois de vários anos. No anterior, há um mês, ele me disse que, durante um longo período de sua vida, fazia amor todas as noites. E suspirou, lembrando-se de sua disciplina e firmeza.

Eu disse: Bem, li ontem no *Times* a respeito de um casal de idosos na casa dos setenta anos que faz isso todos os dias. Disseram sentir vergonha de admitir o fato para a assistente social.

Ele foi veemente: Odeio casais de idosos.

Conheci Alex há muito tempo, na minha primeira vez em Nova York. Era muito bonito e um pouco deprimido por natureza, mas ansioso para agradar e, nessa agradabilidade, era um tanto impessoal. Por essa razão, estava condenado a fornicar mais do que gostaria. Sua beleza, é claro, contribuiu para a maldição do prazer. Olhos castanhos, aduladores e dissimulados; cabelos escuros que logo foram salpicados de grisalho; rosto grande e ossudo, encovado e bondoso; sombras de masoquismo e indolência. Seu sobrenome é Anderson — talvez houvesse algo norueguês ali; velhos ancestrais de rosto quadrado, fala arrastada, pacientes, pastoris e nada parecidos com ele.

— • —

Voltemos ao "há muito tempo". A você mesma nas noites de inverno, congelando em um casaco vermelho fino, e depois a um pequeno abajur e um copo de uísque ao lado da cama. E ao telefone tocando, sempre a monitorando, como se fosse sua mãe e seu pai com seus gritos de indignação e punição. Você vai como um ladrão a esses encontros com alguém que pertence a outrem, ou pelo menos não a você, vai se esgueirando no escuro, tateando, suspirando criticamente. Você entra como um ladrão e sempre abandona ou é abandonada como se tivesse sido roubada, pensando em procurar seu falso broche de diamante na antiga caixa de joias, conferir o armário de bebidas, abrir a janela e exigir daquele que está fugindo a devolução de seu rádio novo.

Dormi com Alex três vezes e me lembro com perfeição de cada uma delas. Em todas ele foi agradavelmente intimidador, intimidador de três maneiras diferentes. 1. Os fragmentos de diálogo murmurados, apanhados no ar, incrustações gramaticais, frases errantes, elipses. *Esse tipo de noite não é a melhor de todas?* Ou, *Eu normalmente.* Continuando em sussurros: *melhor do que*, *mulheres que* e *uma vez* — comparações pequenas, sombrias e errantes. 2. Um ataque de descontentamento espiritual e um ascetismo grave, lamentavelmente impugnador. 3. Arrependimento, gentileza, bom humor caridoso, desculpas pelo adiantado da hora. Onde está seu casaquinho vermelho? Posso acompanhá-la até o táxi? Ou: Você nunca mais vai querer me ver... tarde demais... cedo demais... não tenho mais cigarros.

Eu me sentia honrada quando ele permitia que eu fosse com ele para a cama e desonrada quando sentia que meus esforços imaginativos, ansiosos e exaustivos não eram o que ele queria. A beleza dele criava ansiedade em mim; seu esnobismo era detalhado e repleto de peculiaridades, como o de pessoas que vivem em capitais provincianas ou de estrangeiros radicados em Florença ou no Cairo. O pior de tudo era minha ambivalência em relação ao que eu considerava ser a inautenticidade de seu marxismo. Em meu coração, eu era como uma doninha: faminta, caçando contradições inocentes com olhos ardentes, dada a mastigar predatoriamente a diferença entre teoria e prática. Foi isso que eu trouxe do Kentucky para Nova York, essa grande quantidade de polêmica armazenada atrás dos cabelos claros e finos de sulista e dos olhos não tão azuis.

Naqueles anos, eu não me importava em desfrutar o sexo, apenas em fazê-lo. É por esse motivo que rever Alex na Quinta Avenida me trouxe isto de volta: uma juventude de cópula fascinada e sem paixão. Lá estão eles, figuras desfocadas sem cor, homens jovens e não tão jovens, os simpáticos com automóveis, os chatos repletos de suspeita e mesquinhez. Ao fazer mil perguntas a muitas almas pesadas, não descobri muito. Obtive biografias que são interessantes sobretudo por sua coerência. Muitas são de filhos que, desde o dia do nascimento, crescem para se transformarem nos próprios pais. Veja os registros de votação, herdados como pés chatos.

> Casanova: A grande euforia para meu espírito, maior do que todo o meu próprio prazer, era a alegria de conferir prazer a uma mulher.

Há motivos para duvidar da veracidade disso. Ainda assim, reviravoltas e peculiaridades caem sobre aqueles assaz orgulhosos de sua vida erótica. Até mesmo o sacrifício pode ser uma novidade. A vaidade de Alex estava, assim como a do duvidoso Casanova no falsificador momento da redação, presa na crença de que ele possuía um poder especial, ou talvez um dever especial, de agradar às mulheres. O fato de ter mais charme que dinheiro também contribuía. Assim, o amor era uma rotina entediante e custosa, como ir à igreja, mantida viva pelo respeito à comunidade. Muitos têm essa visão missionária do ato de fazer amor: Pronto! Já fiz isso uma vez hoje e duas vezes anteontem.

Orgasmos de vinte anos antes não deixam lembranças. É melhor ser bonito e deixar, como Alex, a imagem de esguias feições egípcias, crânio inclinado e conversas sobre a incapacidade da classe dominante de *imaginar* e *experimentar*.

Estou esperando; ele está atrasado. Mudanças, lacunas — os embaraços da linha da vida. As mulheres importantes na vida de Alex não tinham boa aparência. Ele gostava das ianques, agressivamente simples, prudentes, teimosas, apaixonadas pelo pai — do tipo que não esbanja muito do seu patrimônio e, é claro, tem seus princípios. Poucas mulheres têm o próprio dinheiro; os amores verdadeiros dele, portanto, eram raros.

Para aquela última mulher, Sarah, Alex e seu livro sobre arquitetura eram um encargo sagrado. E como ele deve ter se angustiado com aquele cuidado vigilante, com a preocupação tão deselegante com aquele investimento, com o apego à sua propriedade literária como se esta fosse, por assim dizer, um pequeno pedaço de terra não urbanizado pertencente à família.

Algo terrível havia acontecido a ele. Senti isso quando entrou na sala. Sim, era como se tivesse sofrido uma pequena derrota no Norte. A neve caíra sobre ele; o gelo se aproximara demais. Não importa, o estilo romântico, uma espécie de atletismo, não desmorona nem declina da noite para o dia, e por isso ele trouxe um presente cuidadoso, escolhido tanto para ele como para mim. Simples, barato, lisonjeiro. Uma brochura: *Chapters of Erie*, de Charles Francis e Henry Adams.

Um pedaço de papel marcava uma página de Henry Adams sobre a conspiração do ouro de Nova York, e ele leu em voz alta: "Um dos primeiros atos dos novos governantes foi exatamente como Balzac e Dumas poderiam ter previsto e com o qual se encantariam. Estabeleceram-se em um palácio... um enorme edifício de mármore branco, não muito diferente de um palácio europeu, situado a cerca de três quilômetros do centro comercial e contendo um grande teatro ou uma casa de ópera...”.

Outro professor de mulheres. Você não leu Gibbon? Como isso é possível, você com pernas tão bonitas?

A mão fina e plana de Alex pressionou a minha, e os últimos acordes de coquetismo masculino soaram com um esforço notável. Elizabeth, Elizabeth. Você nunca me deu uma chance.

Ah, claro.

Ele sofreu uma derrota, um motim em seu acampamento. Não se casar, manter seu “estúdio” para o imperfeito livro sobre arquitetura, para casos amorosos, para a definição de seu eu — tudo havia sido destruído por uma delinquência inesperada. Sarah o deixara.

E não apenas isso, continuou ele. Faltavam apenas algumas semanas para ela se casar. É possível fugir como uma adolescente, não importa a idade, se não precisar pedir divórcio.

A longa aliança, de quinze anos, com a mulher nervosa, insistente e apaixonada da Filadélfia — Sarah, que acreditava no livro sagrado e nas covinhas do rosto oriental dele, que era possessiva, dominadora e, em sua concentração evidente e teimosa, como a concentração de alguém que se debruça sobre uma máquina perigosa, talvez um pouco louca. Deparava com simplicidades da mesma forma que outros deparavam com dívidas, de maneira natural — e então assava um tedioso pão caseiro, preparava sopas ralas com vegetais frescos e confeccionava seus vestidos com colchas paquistanesas. Ainda assim, havia algo de alegre e de perspectiva limitada nessas reduções. Eram características suas, como o sorriso claro, os dentes claros e o jeito de chamar um editor de lado e dizer: Estipule um prazo para ele, está ouvindo? Isso vai resolver.

Você agora usa uma barbicha, falei.

Pois é, não é verdade que as pessoas não mudam.

E como ele parecia manso enfeitado com mechas grisalhas. Sim, é claro, havia finalmente começado a se parecer com um homem de família, como alguém que é metade de um casal e esconde do mundo todas as discussões por trás dos sorrisos públicos de agradecimento, que cai em pânico do alto do descontentamento conjugal aceito e ainda assim fica feliz em encontrar um travesseiro ao aterrissar. A monogamia pairava sobre ele — o odor de ferro quente no colarinho da camisa. Um burguês pensando em aposentadoria, em plantar árvores, em janelas isolantes, em cansativas viagens de carro agradáveis de lembrar. É estranho que tudo isso tenha se agarrado a ele justamente quando por fim se tornou um verdadeiro solteiro.

Repugnante, disse ele. Somente as mulheres com dinheiro podem violar as leis da probabilidade. E, não importa o que elas pratiquem, tudo fará sentido. É tanto uma regressão como um renascimento.

Sarah tinha viajado de trem para a Filadélfia. Sua história era de fato curta. Essa era a grandiosidade da história. No trem, encontrou um velho amigo de seus pais — os venerados pais. Encontrou o amigo idoso, rico, atencioso, viúvo. E que olhar de paciente conservadorismo o velho amigo deve ter lançado sobre a história, os sacrifícios e a inclinação dela para o serviço.

O esplêndido cavalheiro idoso, esbelto graças às longas caminhadas diárias, conservado em virtude da culinária sem sal da empregada irlandesa, surgiu para ela com o chamado do sangue, pulou em sua garganta com lembranças da matilha e do clã. Como eu adorava sua mãe. É de admirar que não tenha havido um escândalo... Seu pai era um tesouro nacional. Cães relembrados, antigos parceiros em muitas partidas de tênis em dupla, pessoas vestidas de branco com pernas longas e finas, como aves pernaltas.

Imediatamente Sarah voltou seu amor e sua atenção ao velho. Que estilo, bradava Alex. *Imediatamente*... Você pergunta como ela reagiu à minha surpresa?... Com mau humor... um mau humor deprimente...

E por que não, Alex? É sabido que as mulheres carregam veneno nos bolsos. Você esperava uma arma? A mulher com uma arma seria apenas mais um policial. Nós nos apaixonamos pelos condenados, lembre-se disso. Os policiais se casam com garotas da vizinhança; o colégio domina suas uniões, o primeiro uniforme dela é o vestido do baile de formatura, e o dele são a gravata-borboleta preta e a camisa branca. Mas as moças pensam em veneno, pensam em veneno quando os abajures se apagam na cômoda, na qual o revólver foi cuidadosamente guardado para a noite. Os sapatos pretos, a sarja bela e grossa do casaco, os ombros e as coxas de garanhões. E os policiais geralmente são abatidos por alguém fora de forma, magro, magro, nada além de ossos vivos. Lembre-se disso.

Eu estava errado em não me casar com a pessoa que eu amava, disse ele, a voz esmaecendo.

Insurgências, insolvências. Viver em seu adorado estúdio, em meio aos escombros do constante estado de lazer, em meio aos absortos silêncios da independência.

De certa forma, você era casado com Sarah, eu disse.

Elevou a voz novamente. Não, não. O que está dizendo não faz sentido. O que importa não é o conteúdo, mas a forma. A certidão de casamento, o testamento... os direitos de propriedade, o imposto de renda... os primos, os funerais... as fotografias!

Fotografias de casamento. Registros de exames de sangue, decisões, sacramentos cumpridos. Em meu apartamento, ao nosso redor, na velha e desbotada arca de pinheiro-vermelho, na escrivaninha de mogno e também na mesa com gavetas, no baú de carvalho, nos envelopes pardos em que se lê “viagem à Europa” estão minhas fotografias, trezentas ou mais, que testemunham a forma; retratos na gaveta, na velha caixa, fotografias que fazem de nós nosso próprio ancestral. De outras pessoas com as quais me importei, com as quais me importei durante anos — nem um traço, nem uma impressão digital. É assim que deve ser. Não se pode sentir falta por muito tempo daqueles que nada deixam para trás.

Alex encarando o vazio, a história líquida secando rapidamente: Cristo! As cartas, os pacotes de cartas do colégio interno, do velho tio no barco para Vera Cruz nos anos 1890. Essas são as coisas que contam.

Lá fora, a pesarosa noite de outono e o vento fazendo farfalhar as cortinas. Mais um drinque, e educadamente a conversa tomou outro rumo, desviando-se para o lado, virando-se para descansar da rodovia abrasadora, atravessando o país, que representava a delinquência de Sarah.

Ele podia olhar para trás, para a década de 1940, para os radicais antistalinistas. Como havia sido feliz naquela época; nos velhos tempos da *Partisan Review,* na noite em que Koestler conheceu e insultou Sidney Hook; quando Sartre e os franceses descobriram a Rússia muito depois de "nós" termos sentido a miséria dos julgamentos, dos pactos, dos campos soviéticos. Alex vivera a história, quer dizer, vivera por intermédio de T. S. Eliot, Kafka, John Donne, Henry James; por intermédio de Maritain, Gilson e Alger Hiss.

Mas ele não podia se estender tanto naquele desvio e então, voltando atrás, piscando os olhos rapidamente, seu humor baixando para a reflexão, para uma melancolia mais apropriada, falou sobre a tristeza de viver sozinho.

Sozinho? Não era esse o objetivo? Ah, Delacroix disse que Rousseau nunca havia enfrentado o fogo, exceto diante do fogão.

Papel de parede em estilo inglês antigo, carpetes, espelhos venezianos, vasos decorados, aparadores de mármore para lareira, campainhas sob o tapete ao redor da sala de jantar, assentos de tecido bordado: Alex estava fazendo um inventário da casa de Sarah na Filadélfia antes da morte da mãe dela. Reclamava que não havia nenhuma tela de Eakins... Óbvio que não... Eles não eram cultos o suficiente para isso.

Ele continuou. Não tenho palavras para descrever quanto Sarah e seu homem se comportaram mal... A prepotência, a baixeza... Clichês terríveis, terríveis. Tudo o que deveria ter valor se transformou, da noite para o dia, em um item de acusação... Minha escrita, minha política, minha vida, meus amigos... Agora ouça, ouça com atenção. Ela teve a coragem de dizer que não era ele... ele... de forma alguma. Tão somente a circunstância... sim, ela é capaz de dizer essa frase... Não, a coisa entre nós já estava há muito tempo, disse ela, morta... Que mentira.

Todo mundo diz isso. Eu não levaria isso a sério.

Estava ficando bêbado. Não me diga o que devo levar a sério. Eu levo a sério o que quiser.

As viagens deles, as dilacerantes viagens frugais a Veneza, todas tão dolorosas por causa da expansividade, da elegância natural dele. As visitas de julho ao North Shore, nos arredores de Boston, a irmã dela, muito chata mesmo. Lá, novamente, belas ondas balançando no píer e economias brutais em casa.

Escute, Elizabeth, você não tem ideia do volume de dinheiro em que essas pessoas podem pôr as mãos... Elas não precisam comprar coisas... O conforto delas está em ter dinheiro. E as opiniões terríveis — e também as ações, devo dizer. Esses velhos ianques mostram uma fachada, mas a Declaração Americana de Direitos não significa nada na hora do aperto. Gostam de guerrear tanto quanto qualquer outra pessoa... Sou um romântico. Pensei que todos fossem como o velho Henry James — bondosos, excêntricos. *The Secret of Swedenborg*, que tal?... Uma humanidade divina e natural... Lembre-se, *Under the Shadow of the Boston State House*... Não, o mundo lá em cima é um deserto.

Talvez Sarah não gostasse que você tivesse outras mulheres... se é que você teve.

Se eu tive? Claro que tive. Mas não é essa a questão. A questão é que meu tipo de mulher é uma simples, ligeiramente mesquinha, não muito interessante... ainda que generosa de um jeito contido... E tendo seu próprio dinheiro para com ele ser contida... Não muito, apenas o suficiente... O suficiente para fazê-la aparecer em meus sonhos como uma amada e tradicional diretora de escola com as chaves, os boletins, as gerações de turmas na cabeça.

Ouça, ouça, ouça, ele implorava, e eu pensava que em alguns meses isso passaria, em quão útil e gentil é um desaparecimento rápido e devastador, irrevogável, deixando no sopro da tempestade a primeira semente de amnésia.

Ouça. É o poder pudico dessas mulheres que me atrai... Belo como cabelos grossos ou olhos bonitos. E é verdade que de seus reles dólares eu não tivera nada além do atendimento às minhas necessidades básicas... As lamentações por minha imprudência... Você não acreditaria na economia nos presentes de Natal... Os filhos de um mineiro se saem melhor... E ainda assim, de um jeito engraçado, elas não sabem o valor do dinheiro... Confundem os zeros. Doze mil por uma casa? Não é muito dinheiro?, perguntam... Talvez estivessem pensando cento e doze mil...

Ele está indo embora. De repente, na porta, um sorriso atravessou o desalento de seu rosto. Todos os ossos se iluminaram, e os olhos melancólicos reluziram.

É agradável expor as evidências.

No norte, em Vermont, conheci dois homens solitários, furiosos com o abandono, trêmulos de tanta má sorte. Um deles foi deixado pela esposa depois de vinte e cinco anos, e o outro, após quarenta anos de casamento, sobreviveu à esposa. Noites escuras e silenciosas, neve precoce, estradas vazias e metade das residências de veraneio fechadas com tábuas, os móveis cobertos por lençóis gelados, os quadros deixando retângulos em branco na parede morta, as persianas fechadas em uma tarde ensolarada de setembro, as casas à espera de junho, quando alguém viria levantar as persianas novamente, assim como alguém afasta a lápide de um túmulo.

Os homens — o horror a terem errado de lugar, vivendo como animais trancados em um estábulo. O amigo traído pela vida era tão digno de pena quanto um leproso.

Nós nos mudamos para cá por causa do preço baixo, do espaço para trabalhar, do desejo de nos afastar do magistério, por causa das crianças, do ar, da vista.

Conte para mim, G., o que é o pior. O silêncio?

Não, o pior era a sensação dela de que não havia feito nada de errado. Nada de errado...

Será que ela fez?

Ela fizera algo de muito errado. Mais de uma dúzia de pessoas sofreram. Eu e nossos três filhos... Eles cresceram, foram embora, mas se importam, sim, eles se importam... A esposa e os quatro filhos dele... Ouviu isso? Quatro... Minha mãe, o pai dela... O pai dela estava doente demais para aguentar uma coisa dessas. Ele morreu em decorrência da devastação de nossa família... em poucos meses...

Quando eu disse a ela, Como você pretende viver sobre esses cadáveres?, ela respondeu: Só me resta tentar.

O homem cuja esposa morreu, que morreu justo quando eles estavam começando uma nova vida, colocando tudo em ordem. Haviam planejado ir do bom para o melhor; haviam se retirado para a amada casa de veraneio. Com uma loucura imprudente, bem diferente de seu modo habitual, esse casal, sem saber que a morte estava no jardim, correu atrás da perfeição. Prefiro cozinhar olhando para o sul, disse ela, e assim a cozinha foi transferida do lado norte. Ele se apaixonou por varandas no verão e decidiu que o desejo de seu coração era sentar-se na varanda durante todo o inverno, e assim as fundações foram feitas, grandes janelas de vidro cintilavam no gramado e foram finalmente instaladas; as longas noites olhando catálogos resultaram em um belo fogareiro de tocha sueco, e a nova e esplêndida varanda modificou o formato da antiga casa, tornando-a, bem como o casal, atual, ousada e repleta de luz.

Eles não estavam sozinhos. Todos os aposentados trabalhavam e trabalhavam pela perfeição. Ampliações, novas alas, telhados com aberturas, escadas invertidas, quartos no primeiro andar, árvores cortadas, árvores plantadas. Reformas profundamente difíceis realizadas para facilitar a vida. A herança dos filhos fora toda utilizada, mas um dia haveria a casa, com frequência remodelada a partir de sonhos e feridas da infância de seis décadas atrás.

E então a esposa morreu, justamente quando tudo estava pronto e em harmonia.

A casa grande e solitária na adorável e solitária cidade do norte. As noites frias e o fundo de cobre das panelas lentamente perdendo o brilho. Nada para fazer sorrir durante as tardes na varanda imprevidente. Solteiros novamente, em seus ambientes despovoados, como grandes animais em jaulas no zoológico, com o nome da espécie na porta.

Querida M.: Deixe-me atualizá-la sobre Alex. Ele conseguiu um emprego em uma pequena faculdade em Ohio. Está trabalhando! Isso é possível? Casou-se com uma mulher simples, uma enfermeira que trabalha em um hospital. Alex é radical outra vez e usa uma barba de terrorista. Os alunos gostam dele, mas o corpo docente, não. Mora em uma casa horrível e corta a grama — recomeçando, pobre, *a tempo*, por assim dizer.

PARTE SEIS

A barba de terrorista, a primeira geladeira, o pagamento adiantado, as ferramentas na garagem, os vizinhos lavando o carro com mangueira.

Caro velho Alex: Vou me lembrar disso por você.

Tenho dezoito anos e lá vêm eles, dois integrantes do Partido Comunista de Cincinnati. O calor está carregado de poeira, a grama é áspera e seca como palha, as raízes secas das flores antigas estão arfando. É assim que as coisas são. É domingo. Dentro de minha casa, ao redor da mesa de jantar, há mais pessoas do que no Partido Comunista do estado do Kentucky.

Eles, os dois, chegaram em uma lata-velha, um burro de carga deplorável e maltratado, abarrotado de jornais e panfletos tão desgastados quanto as folhas de repolho da última estação.

A jovem mulher e o homem mais velho não são atraentes. Sentam no balanço da varanda, que se move para a frente e para trás nas velhas correntes. Bem, isso é organizar o Sul, seus olhares cansados e peculiares parecem dizer.

Entregaram-me um panfleto de Browder. Período da frente popular. *O Comunismo é o Americanismo do Século XX*. Uma ideia interessante, disse ela.

Falei: Tenho esse lá em cima no meu quarto.

Bom para você.

Eles suspiraram, perdidos no ar abatido do domingo.

Há pessoas *boas* em Lexington?, querem saber. Suspirando mais uma vez, escutando as tosses e os rosnados questionadores vindos da mesa de domingo, eles logo partem em suas jornadas empoeiradas.

Pessoas boas? Talvez haja algumas na rua High. Uma via antiga cada vez mais deteriorada que corre para leste e oeste, sua história de altos e baixos. Perto dali estão as casas da fraternidade: uísque, rapazes predatórios e de rosto inexpressivo com broches e anéis e uma terrível lembrança de suas cantorias bêbadas, de suas mãos bêbadas em meus seios bêbados.

Uma família de transcendentalistas morava na rua High. Eram pobres como seus ancestrais, nunca tocados pela asa do conforto e da poupança, nunca estando sequer no meio da escada, nela oscilando com esperança. Em vez disso, viviam em um onírico mundo de ideias que chegara até eles quase como uma carta perdida ou uma daquelas mensagens na garrafa que flutuam por entre continentes distantes levadas pelas correntes oceânicas. A família havia escutado sobre o comunismo soviético e experimentado os múltiplos tremores da conversão.

A casa — como saber quem um dia fora seu proprietário ou quem o era então? — possuía poucos sinais e marcas de propriedade, nenhuma daquelas extensões construídas ao longo dos anos. Foi pintada nos dois infelizes tons de marrom e havana muito populares na época. O inverno revelava a varanda apodrecida de madeira lascada na qual as cadeiras de lona de verão se apoiavam. Naquela época, não era a casa deles, mas em algum momento todos estiveram nela: três gerações, pais idosos, filhos, filhas, netos e netas. Eram pessoas da montanha, talvez descendentes escoceses-irlandeses de um lavrador que emigrou.

O pai era alto e magro, com cabelo grosso e liso cor de areia. A mãe tinha um ar envergonhado e gentil, a mandíbula anglo-saxônica desdentada e pouco carnuda. Seu olhar solene e seu sorriso arruinado transmitiam uma mensagem: Apalaches.

O herói da casa era um filho doente que, magricela e febril, vivia em convalescença agitada, avivada por uma ideologia apaixonada. Dentro da casa, no frio de fevereiro, o ar quente e entorpecente dos fogões a gás parecia acalorar mais o cérebro que os ossos.

O filho estava deitado debaixo de uma pilha de cobertores desgastados, o crânio vivo e alerta, as grandes orelhas avançando para a vida em oposição à decadência de seu corpo enfermo. Estava deitado debaixo de colchas e de um cobertor de jornais, como se antigos exemplares do *Daily Worker*, como trapos, pudessem aquecer seu corpo. Panfletos, caixas e textos sagrados o cercavam, o acúmulo daquilo a que ele se referia, em uma cantilena rural, como "comunismo internacional".

Sem dúvida, o filho parecia mais velho do que era. Podia muito bem ter vinte e um ou trinta e um anos. Havia se lançado em um grande engajamento, uma batalha bizarra e remota que se originara de um arsenal de sons estranhos, os lemas peculiarmente pronunciados, mas bem compreendidos, do marxismo-leninismo, os slogans da crença partidária. Os nomes de comunistas europeus, de Togliatti e Thorez, de consagradas figuras nacionais como "Mãe" Bloor, críticos, escritores e propagandistas da revista *The New Masses* — uma oratória extraordinária, com notas agudas e graves, jorrava da cabeça que se projetava para fora dos cobertores. A ditadura do proletariado, as massas, a classe dominante, o lúmpen, a vanguarda.

Às vezes, quando sua saúde melhorava, ele podia ser visto mancando da rua High até a Main, correndo para a grande catedral: a agência dos Correios, a doadora e receptora da vida. Correspondências, jornais, relatórios, refutações, acusações e contra-acusações, denúncias e afirmações, era nesse redemoinho que ele nadava.

Confissões, execuções e julgamentos, as más notícias chegavam ao filho, cujo nome era Lyle, como informações em letras miúdas, não como a história principal. Poderiam ter sido um longo índice de ilustrações no final de uma tese ou notas de rodapé para um especialista. Ali estava ele, um acólito provinciano, e o que acontecia naquela vaga e empolgada terra transformada lhe chegava como murmúrios de deturpação, parcialidades relatadas por inimigos. Empalidecendo, a garganta como uma corda trêmula, em um estado de abatimento mental, mas ainda confiante, o filho lutava pela sanidade. Pobre jovem. Ninguém o conhecia, e ele não conhecia ninguém, ninguém naquelas notícias, ninguém com aqueles nomes tão próximos de seus pensamentos. Nenhum policial o procurava, e somente o carteiro tinha curiosidade sobre ele.

O frenesi da política na casa maltratada, as discussões obscuras nos sotaques das montanhas, o conhecimento presente nos jornais amarelados, o mais-valor, a superestrutura. No lugar do amor e da ambição, da inveja e do orgulho, havia crescido a mais devastadora das paixões, a política, a preencher todas as células do ser humano.

Até onde eu sei, a família não mora mais ali. Como se pode saber de pessoas que nunca constaram na lista telefônica? Às vezes elas desaparecem, como se tivessem caído em um poço de mineração. Em rumo para algum lugar, de regresso para outro. Pessoas negras se mudaram para a casa marrom e havana. Novos temas para se misturar com a poeira dos antigos.

Lyle era amigo de outro "vermelho" do lugar cuja aparência era a de um peru inteligente. Esse amigo, um gnóstico isolado e desengonçado, sempre enrolando cigarros, franzino e ainda assim enérgico, era misterioso. Havia algo de briguento nele, embora não brigasse; talvez desse para sentir que estava envolvido em uma disputa mental silenciosa. Com o longo pescoço de peru macho, um bigodinho e as pálpebras proeminentes, parecia um detetive de cidade pequena, mas era o oposto disso. Era a pessoa mais provável de sentir a mão de alguém em seu pulso e uma voz oficial dizendo:

Venha comigo. Falava pouquíssimo, mas com um sorriso engraçado de nicotina dizia que havia nascido em outubro de 1917, sob a estrela e o signo da Revolução. Nascera em Ohio, logo após a fronteira.

Durante algum tempo, teve um pequeno escritório, uma cabana perto da antiga estação ferroviária. Lá, fazia cópias em um mimeógrafo, panfletos que anunciavam reuniões às quais poucos compareciam, exceto por um encrenqueiro ou outro, os contenciosos estudantes radicais da universidade que eram socialistas ou trotskistas. Atacavam impiedosamente Mason — era esse o seu nome, o primeiro ou o último —, e a névoa de seus olhos fumantes engrossava quase até a cegueira.

Mason pelo menos conhecia uma alegria pura e perfeita. Era ir à seção eleitoral perto do tribunal e no dia da eleição escrever os nomes dos candidatos do Partido Comunista.

Marie, Marie, em seus olhos enevoados há a mesma defesa brumosa contra a apostasia que me faz lembrar Mason e as nuvens de fumaça obstinadas que o envolviam. Marie veio mais tarde, jovem rica que com voz flutuante falava sobre a Construção do Socialismo. Socialismo lhe parecia uma palavra mais agradável que comunismo, ou talvez houvesse certa cautela nessa preferência.

Marie era tímida e reservada. Frequentara as melhores escolas, mas ainda assim era pouco instruída, pois lia sobretudo polêmicas revistas de esquerda, panfletos e pedidos de verba. Esses trapos a confortavam no frio, assim como aqueceram a cama rasa de Lyle. Um estruturalismo discreto une o ideólogo soturno, extenuado, pele e osso de que me lembro das miseráveis e penuriosas ruas da minha cidade, e a filha do industrial que morou por um tempo em Central Park West.

Marie adorava seus pais, e essas pessoas afortunadas e convencionais pareciam escoltar seus pensamentos rebeldes como acompanhantes agradáveis, um em cada braço. Na mesa de centro de seu apartamento vazio havia, encadernadas em couro, histórias bajuladoras sobre o fundador da fortuna da família. Ela conhecia cada detalhe dos saltos repentinos e inteligentes de sua família para a prosperidade; estava interessada em suas viagens, em casas de campo nas Ilhas Britânicas, onde talvez algum ancestral não registrado pudesse ter nascido, em vilarejos onde moravam pessoas simples com seu sobrenome.

Em seu quarto branco, ao lado da cama de pura alvura que parecia prometer descanso sob uma névoa de flocos de neve, havia a fotografia do casamento de seus pais, sorridentes na moldura de prata cravejada de ametistas. Na maior parte do tempo, Marie vivia na companhia de sua privação curiosamente forçada, como um contemplativo desprovido do vigor atlético necessário para o consumo de carros, flores e quadros, casas de inverno e casas de veraneio, pratos e toalhas de mesa, batiques e cestas, pequenas coisas, com seus milagres de incrustações microscópicas, ou grandes, maravilhas ousadas quase hediondas.

Com Marie, as falhas e as lacunas, os buracos e os espaços em branco eram preocupantes, como se fossem uma gagueira. Doava grandes somas de dinheiro, mas nos encontros com a classe trabalhadora era rigorosa e até mesquinha. Mãos estendidas recebiam dela a mais implacável repreensão. Garçons, motoristas de táxi e entregadores viam suas moedas de cinco e dez centavos e a observavam desaparecer como um fantasma.

Em algum momento da vida, um talismã surgira. Pode ter aparecido para ela em um sonho, esse talismã que consistia em uma palavra: Rússia.

Durante algum tempo ela teve um amante, Bernie, um sujeito horrendo. Muito baixo e, ainda que não fosse gordo, tinha músculos e protuberâncias em excesso. Bernie parecia uma abóbora, ou duas, uma sobre a outra. A de cima era seu rosto contente, uma lanterna de Halloween de dentes quebrados.

Bernie mencionava notícias ruins com uma voz alegre e gutural, prevendo animadamente a queda ou a ascensão ameaçadora das coisas, caso a queda não ocorresse. Calúnias, inverdades na imprensa, preconceitos enraizados como cenouras na história: tudo isso borbulhava e fluía dele como a canção de um barqueiro:

Ó prazer celestial
de enfrentar a tempestade
com um másculo peitoral.

Muitas vezes, ao entoar seu canto político catastrófico, Bernie fumava um charuto ou petiscava amendoins de um pacote que trazia no bolso. Tinha a resposta para todas as perguntas, exceto para a de Marie. Ela recebera tantos beijos e elogios na juventude. Havia, portanto, poder em seus pulsos finos, em seus dedos alongados com unhas pintadas de marfim, poder até mesmo em seus apetites leves e fastidiosos, tão diferentes dos dele.

Ver Bernie sair do quarto, arrastando os cadarços, era chocante. A cama era tão branca e pequena; os frascos e os lápis, os objetos de vidro azul-claros alinhados ao lado da janela não acolhiam a presença de um homem. As toscas camisas de manga curta azuis, as mãos largas, a alegria de seus grunhidos preenchiam o espaço do apartamento como se tivesse trazido consigo uma série de baús velhos.

No que Marie pensava? Golpes de Estado, multidões nas ruas com os punhos erguidos, faixas pedindo pão e terra, exércitos dispersos do norte, guerrilheiros nas montanhas?

Talvez seus sonhos tenham um formato mais doméstico. Pensa em petições ou contribuições, em alunos revolucionários com rostos redondos e bem alimentados entoando canções, em calistenia nas praças, em fazendas coletivas, conselhos de trabalhadores, conjuntos habitacionais, médicas mulheres e controle de natalidade.

Imóvel, com a estabilidade de um pássaro que paira sobre o ninho de seus filhotes, ela manteve em equilíbrio seus primeiros voos. Países distantes foram acolhidos nos braços de sua aprovação eterna.

Marie, não entendo seu medo da desilusão. Você não vê que as reestruturações podem entrar no coração como um novo amor?

Após essas conversas, ela me enviava um recorte da imprensa comunista explicando ou denunciando críticas. Na parte superior do recorte, com sua caligrafia limpa, escrevia: Achei que isto poderia lhe interessar, querida amiga. Com amor, Marie.

Para Bernie, o namoro com Marie constituiu uma privação, e descobriu-se que ele tinha uma amante, uma camarada militante, sexy e falante. Marie ficou atônita e magoada e lembrou-se de que até mesmo seu pai admirara a inteligência de Bernie. Foi deixada sozinha com seu fervor profundo e inflexível.

Nos anos 1960 vimos Marie na Itália, em Florença, aonde ela fora quando menina para conhecer o passado sem dor, para florescer como uma fúcsia ou uma gardênia na bruma de pinturas e igrejas. Mas Marie não tinha interesse algum em pinturas, na estrutura das igrejas, nas verdadeiras dificuldades da música e da poesia. Não conhecia nada disso, pois fora bem educada. Um filistinismo calmo, cortês e não polêmico estava profundamente enraizado em seu espírito e dava pistas — ao menos em parte — da confusão angustiante em relação às reivindicações de todos aqueles escritores, poetas e pintores de nomes estranhos que terminaram presos ou mortos. Não se tratava de insensibilidade; era vacuidade, uma vacuidade sem maldade, como a que às vezes se encontra em padres e freiras.

Em Florença, um jovem italiano ia com frequência ao apartamento dela. Tinha cabelos grossos e ondulados, dentes feios, um jeito descortês, às vezes digno, às vezes ausente. Seu nome era Benito, e tinha uma irmã chamada Edda.

Benito trabalhava em uma loja de calçados atrás do rio Arno, e fora nesse cenário que se conheceram. Às vezes, em dias calmos, ele se posiciona na vitrine, e seu rosto imperturbável chama atenção. Ele pode morar longe do centro, mas é difícil imaginá-lo indo para casa à tarde para comer ou dormir. Em vez disso, é mais provável que passe o tempo chutando uma bola de futebol no parque.

Benito levava consigo para onde quer que fosse um enorme companheiro, um pastor-alemão. Na casa de Marie, a maior parte da atenção dele se voltava para o cão, dando-lhe instruções em voz alta e encarando os olhos entusiasmados do animal. Enquanto nós duas conversávamos em inglês, ele conversava com o cachorro.

Nada de novo com Marie. O dinheiro se mantém, até mesmo aumenta, no solo histórico. As revelações de seus anos de faculdade, há mais de vinte anos, permanecem — fracas, mas ainda cintilantes. É tranquilo e, ao mesmo tempo, intrigante. Parece que nada acontece. Exércitos se reúnem com suas notícias desagradáveis, e, embora haja grande atividade em todos os lugares, tudo se ossifica. Às vezes, ela parece estar pensando que houve um erro de cálculo no universo político. Dragões com sete cabeças e dez chifres: eles não foram vistos este ano? Um leopardo saiu do mar e voltou a mergulhar. Mas paciência, paciência.

PARTE SETE

No ano passado, um grande prédio de escritórios começou a ser erguido em minha pequena e estreita rua em Nova York. É uma rua estranha, repleta de apartamentos antigos de tamanho modesto construídos logo após a virada do século para acomodar artistas. "Des Artistes", como um dos prédios foi batizado, trabalhavam e moravam nos mesmos aposentos, pintavam em seus ateliês como franceses com barbas pontudas e comiam em suas salas de jantar integradas à cozinha como estadunidenses.

As grandes janelas eram então de vidro opaco, de acordo com as crenças teóricas da época. A luz era reduzida — a fim de liberar a mente para a luz da imaginação? Uma suavidade nórdica e cavaletes com pinturas semiacabadas à espera do modelo: um pitoresco homem idoso, uma moça com roupas soltas ou naturezas-mortas da fruteira.

Vi diversos quadros que há muito tempo foram pintados aqui em casa à luz cinzenta do dia. Um deles tinha como tema um piquenique no Bois de Boulogne, em Paris. As mulheres usavam roupas da moda da década de 1920. Tudo era luz do sol, flores, árvores e vestidos com fitas cor de malva.

O vidro grosso desapareceu da maioria das janelas, mas agora um novo prédio se ergue do outro lado da rua, chegando com um rangido horrível. Máquinas sofisticadas ficam por ali dia e noite, e o esqueleto de aço, com sua modernidade artística, é mais adequado para decorar o cenário da cidade do que o novo edifício em si. O barulho da construção um dia diminuirá, mas a luz nunca mais voltará ao prédio-artista. Ele está de volta em sua opacidade vítrea. Talvez algum tipo de preservação esteja ocorrendo.

O Bois de Boulogne, os piqueniques, as maçãs e as laranjas em mesas cobertas com xales de estampa *paisley*, lembranças agradáveis registradas no crepúsculo: ainda bem que os antigos pintores foram embora, deixando espaço para a radiante luminosidade elétrica dos inquilinos mais recentes, os fotógrafos.

Aconteceu de alguém que não conheço estar hospedado no apartamento comigo. Uma dessas ações de caridade impostas por uma amiga. A estranha, magra como o elegante guindaste do outro lado da janela, projeta uma sombra, pois chegou no momento em que eu pensava nas transformações da memória. Ela preenche o espaço tanto com o crepúsculo antigo quanto com o novo, o espaço reservado para pensamentos sobre minha mãe. Minha mãe, com quem vivi muito próxima por mais de trinta anos, nesta manhã aparece mais apagada para mim do que esta amiga de uma amiga.

Louisa passa o dia inteiro em um tédio límpido e depressivo. A acidez carinhosa desse tédio parece ser, para ela, como o prazer do limão ou a frieza da água salgada. Uma estase impressionante pode ser vista em seus olhos, em seus belos olhos vazios, rctraídos e fixos — orbes em uma cabeça de porcelana. Nesses momentos está em seu melhor estado, muito quieta, com o rosto harmoniosamente fixo, como se fosse para uma câmera à qual estas salas são agora apropriadas. Meu gato marrom magro a observa com um olhar oriental amarelado bastante parecido com o dela. Com frequência ambos se encaram profundamente, mas é um olhar sem ver, como dois espelhos posicionados em paredes opostas, um de frente para o outro. Esta manhã, sua segunda aqui, ela observou o gato adormecer, as pálpebras dele se fechando de repente, com força e rapidez, estranhamente invocando as operações de um cérebro misterioso. Ela disse: Eles podem ficar sentados por horas, por anos diante da televisão, mas sem a ver. Não consigo entender como é possível que nada os faça mudar.

Em seguida tirava um cigarro do bolso da túnica, uma peça reluzente de seda colorida que ela vestia pela manhã e logo após retornar de suas excursões pelas ruas. Fumava cigarros como se fossem ópio, um acréscimo ao ópio que havia dentro dela, o narcótico de seu tédio, aquele generoso amigo íntimo, tão querido e fiel. O tédio parecia ser uma droga imaculada, com sua nebulosa correnteza de sonhos, sua passividade pura e espessa como nata.

Depois de um dia onírico, Louisa passou a se concentrar em suas noites. Sempre insistia que eram agitadas, inquietas e angustiantes. Até mesmo em seu sono mais profundo, era como se sempre fosse observada pela vigília. Acordava com um tremor nas mãos, revelando as dores, o drama indescritível e dominador da falta de sono. A agitação, as corridas, as batalhas; as capturas e as fugas escondidas atrás de suas pálpebras trêmulas. Ninguém era mais hábil que ela nas confissões de uma insone. Eram épicos redundantes, mas movimentados e profundamente sentidos, que ali estavam para serem tocados a cada manhã, assim como se pressiona um machucado para continuar experimentando a dor.

Sua narração hipnótica é como a de um poeta popular imerso, como se diz, "na tradição oral". Enfim, diz ela, o sono veio... Finalmente... Eram quase quatro da manhã. A primeira cor despontava no céu... Só para acordar repentina e completamente.

Egoísmo desagradável? Não, mera esperança de definição, descrição, documentação. O prontuário da vida deve ser atualizado todas as manhãs: O paciente dormiu de maneira intermitente, reclamou dos pontos na incisão. A persistência alarmante dos mesmos sintomas que levaram à cirurgia. Talvez seja apenas a clássica dor no membro amputado.

Ela vai embora em breve, a intrusa, a estrela dramática do enfado com olhos de gato. Veio com a mesma força da mão que realiza uma entrega na porta. Durante todo o tempo em que esteve em casa, planejei pensar em minha mãe. *Pensar*, isto é, imaginar do que eu seria perdoada por lembrar ou imaginar. O que aqueles de minha carne e meu sangue consideram adequado, e não uma traição? Por que não mudou seu nome? Assim você poderia inventar o que quisesse, sem que parecesse verdade quando na realidade não é. Eu não sei a resposta.

Meu pai, por exemplo. Ele está *fora*, porque o vejo apenas como um personagem da literatura já registrado. Posso dizer que era muito bonito, e de fato, quando embalsamado, com o cabelo repartido para o lado errado, seu perfil lembrava a todos o de John Barrymore. Não tinha um bom nível de instrução, mas era muito inteligente e lia revistas e jornais sobre crimes reais. Cantava muito bem e sabia todos os versos de muitas e muitas canções. Atuava como trabalhador braçal e o mínimo possível. Como encanador, vendedor de fornalhas, algo no departamento de saúde do tribunal, algo na máquina do Partido Democrata. Ele não se definia pelo trabalho, mas por evitá-lo, para ter tempo para outras coisas; fofocas, carteado no quartel dos bombeiros, futebol, ir para a cama e criar filhos, fumar cigarros, fritar bacon, pescar. Era um ser político, e eu e ele nos levantávamos cedo para escutar no rádio a captura de Madri, a assinatura do Acordo de Munique. Dávamos as mãos e chorávamos.

Às vezes, quando estou no Maine e homens vêm consertar coisas — bonitos e atraentes como são, que chegam para reparar um cano, fazer medições, desmontar um motor, empurrar um carro para a garagem —, muitas vezes me pego em um flerte, uma espécie de amor pela *aparência* deles, pelo rosto bronzeado, pelos sapatos de trabalho bem engraxados, pelo jeito deles ao volante de um caminhão, pelas piadas sobre a conta, pelos modos com outros homens, no centro da cidade tomando café, dentro de uma casa em construção ou no galpão devastado do construtor de barcos, pelos dedos fortes amarelados por nicotina.

Então penso em meu pai, em papai, e me pergunto como seria estar casada com um homem desses, vê-lo saindo do chuveiro, sentar para jantar às seis horas, apagar as luzes às nove, abraçar, fazer amor com frequência para honrar o longo dia de trabalho, levantar às cinco, visitar parentes aos domingos, nunca sair da cidade.

Eu me pergunto sobre isso, e é claro que eu sei como seria. Sei como são os homens, mas não como ela é, ela com suas roupas lavadas, seus assados, sua persiana pendente nunca consertada pelo marido carpinteiro, o abajur quebrado nunca consertado pelo eletricista da casa, o terreno sem flores e sem arbustos do jardineiro da cidade. Um mistério, mas não se retorna para casa para voltar a trabalhar.

> O escritor é um dos filhos primogênitos do estado do Tennessee. Se essa senioridade não traz consigo nenhum dos direitos de primogenitura, certamente impõe o dever da veneração filial e da consideração pela terra de sua origem.
>
> De *Os anais do Tennessee até o fim do século XVIII*,
> de J. G. M. Ramsey, A.M, M.D., 1853

Minha mãe tinha, em muitos aspectos, a natureza de uma exilada, embora suas andanças e seus deslocamentos tenham sido apenas na Carolina do Norte, no Tennessee, na Virgínia e no Kentucky. Nunca conheci uma pessoa tão pouco interessada em memória, em ancestrais, em registros, em olhares ternos a paisagens passadas e a pequenos adornos de orgulho. Às vezes mencionava com expressão confusa *Os anais do Tennessee*, do avô de mesmo sobrenome, mas nunca o havia lido. Ramsey, esse curioso filho do Tennessee, vivia onde ela nasceu, no condado de Mecklenberg, Carolina do Norte, local da "amplamente considerada espúria" Declaração de Independência de Mecklenberg, de maio de 1775.

Ela deve ter aproveitado a juventude e teve aqueles irmãos e aquelas irmãs cujos nomes carregamos. Falava de um irmão que fora “muito inteligente”, mas isso também acabou de um jeito nebuloso.

Esse irmão, do nada, começou a escrever cartas para minha mãe. Vinham infelizmente de um hospital psiquiátrico no norte do estado de Nova York. Eram extraordinárias, por sua caligrafia extremamente bonita. Essas maravilhas caligráficas, com cada letra perfeitamente formada e posta em linhas muito retas e espaçadas de maneira uniforme, eram escritas com uma caneta preta fina. O conteúdo era coerente, a ortografia, impecável, e o assunto, uma espécie de oratória. Ele gostava de escrever cartas nos feriados nacionais, momentos que provocavam nele uma intensa emoção patriótica.

> Querida irmã Mary: Neste esplêndido Quatro de Julho, um sol maravilhoso está brilhando, como de fato deveria brilhar para honrar a heroica Guerra da Independência, na qual nossa amada nação lutou para se libertar da dominação estrangeira. Nenhum estadunidense verdadeiro desdenharia da perigosa viagem do *Mayflower*, abençoada por Deus, e da doçura dos peregrinos ajoelhados em seus trajes simples para agradecer em Plymouth Rock. Ainda assim, o momento da Independência foi o verdadeiro florescimento de nosso grande país em direção a seu futuro sagrado.
>
> Devo acrescentar que, se quiser me escrever, há alguns anos não sou mais conhecido como Robert Ramsey, mas como Robert Douglas.
>
> Com fraternal afeto,
> Robert Douglas

Que linda carta, disse minha mãe. Não entendo como Robbie pode estar louco. Certamente não estava quando viu minha irmã há dez anos, e naquela época ele devia ter quarenta e cinco anos.

Escrevemos para o diretor do hospital e depois de cerca de um mês recebemos uma resposta sobre Robert Douglas, uma resposta que não tinha nenhum dos grandes floreios do paciente. O diretor não parecia saber muito sobre o irmão de minha mãe, mas disse que ele estava em uma "fase mais ou menos calma".

Alguns anos mais tarde, recebemos o aviso de sua morte e uma nova solicitação para pagar as taxas do enterro. Então, com cinquenta dólares, Robert Douglas foi enterrado em algum lugar. De certa forma descobrimos que sua mudança de nome não foi uma loucura, mas um apelo sensato ao caráter prático que se seguiu a um período de estresse financeiro, se é que *estresse* é uma palavra acurada.

A casa está escura. Todas as crianças já nasceram, e ela está em uma cama, ele em outra, de acordo com o costume da época e da "classe". Eles não sabem que os casais que não têm filhos, ou no máximo dois, se orgulham de permanecer em uma cama, a *matrimoniale*, até que sejam separados por alguma doença da velhice.

Meu pai está no quarto ao lado do sótão, lendo e fumando. Pode estar um pouco bêbado — é noite. Ela está puxando os cobertores sobre os braços, observando a luz da lua atravessar as cortinas floridas. Os anos não parecem reais: os números são meramente palavras, cinco anos, dez anos, quarenta. Podem ser substantivos — casa, rua, garagem.

Não acredito que eles estejam pensando em juventude perdida. Não acredito que estejam com medo da morte. Duvido que estejam imaginando se os dois se amam ou se são felizes. Não me parece correto chamar isso, seja o que for, de uma coisa ou de outra. No entanto eles estão vivos, cheios de opiniões, de desgostos, de *ideias* até. Seja como for, a noite é boa porque leva ao dia, aos sapatos e às meias, ao café, ao trabalho árduo e à repetição, especialmente para ela, que talvez esteja ansiosa para ver tudo concluído.

Minha mãe nasceu na década de 1880, e a moça que esteve aqui por uns dias nasceu na década de 1950. Setenta anos não são nada. As duas mulheres não são iguais, e nenhuma delas representa sua época ou seu gênero. Eu não difamaria a moça por seu narcisismo, nem daria muita importância aos terríveis trabalhos de parto de minha mãe, os quais há muito tempo ficaram para atrás.

Os filhos dela adoravam corridas. Jack, meu irmão, ficou doente no hipódromo de Louisville e morreu logo depois, em seu quarto no Brown Hotel. Tommy morreu em sua caminhonete a caminho dos estábulos dos cavalos. Corria para ver o treino da manhã. Cavalos, nobres antiguidades, também morreram gravemente. O grande cavalo Hambletonian correu em Newmarket em 1799 contra Diamond, por uma aposta de três mil guinéus. Hambletonian venceu, mas nunca mais correu. Ambos os animais haviam sido violentamente "chicoteados e provocados por seus jóqueis".

Na realidade, Louisa, a jovem visitante, acabou de conseguir um emprego muito bom. Conhece algumas áreas e pessoas. Saiu cedo, mas não tão cedo, vestindo calça preta e casaco de couro preto. Pôs uma echarpe que mostrava o nome do designer francês com tanta proeminência que poderia muito bem ser ele o candidato à vaga.

Disse a alguém que havia cursado a faculdade, falou em datilografia, em *experiência* ímpar, referindo-se apenas a trabalhos anteriores. Disse, mentindo, que certamente poderia tomar um ditado. Puseram-na em uma sala e ligaram uma máquina. Quando se tornou rápido demais para sua ágil anotação, ela parou a máquina e digitou a parte difícil mais uma vez. Seu ditado datilografado foi bem recebido.

Ela não fará nem muito, nem pouco, e é isso que deseja. Terá um apartamento, um amante, tomará algumas drogas, ouvirá o fonógrafo, comprará roupas, e alguma coisa acontecerá. Será algo bom provavelmente — ou ao menos algo de que ela goste.

PARTE OITO

As viagens da juventude, a vulgaridade das coisas e a pobreza intrépida de alguém. "Todos vós que amais o Príncipe de Orange animai-vos e segui-me."

Assim era a Holanda naquele ano de 1951. Descartes, quase trezentos anos antes, havia falado de si mesmo como o único estrangeiro que não estava em Amsterdã a negócios.

Um *gracht* fora de moda no centro de Amsterdã — o canal do Nicolaas Witsenkade. Uma rua movimentada e burguesa beirando águas turvas e as torres do Rijksmuseum vistas na direção oeste. As casas com degraus de pedra feitas de tijolos amarelos ou vermelhos estão alinhadas na decência e na monotonia práticas e resolutas da década de 1920. Decorações de azulejos outonais nas fachadas, e aqui e ali leques de vidro roxo e âmbar sobre as portas.

Donas de casa por séculos criaram pequenos cômodos agradavelmente abafados com painéis escuros e pendurado lustres redondos, com cúpulas franjadas de seda antiga, sobre as mesas de jantar atoalhadas. A casa não é bonita, e a senhoria se preocupa com o apartamento porque fora dela, e cada coisa ali lhe é muito querida. De qualquer forma, ao nos depararmos com seu olhar ansioso, dissemos: Que triunfo é cada país.

— • —

Ele observou que o aconchego dos países pequenos nem sempre pode ser expropriado por invasores.

Sim, um fogão preto, redondo e brilhante, que funcionou durante anos com a solene obediência de um burro velho, atormentava nossos dias e noites com seu ressentimento contra mãos novas e ignorantes. A morte desconcertante das brasas logo após terem sido induzidas a arder. Nós nos enfiávamos nos lençóis frios sob os antigos e grossos cobertores e éramos contidos na cabeça e nos pés pela pesada moldura da cama, perfurados pelo metal afiado de folhas e frutas esculpidas, agudos lembretes da primavera. A luz do dia vinha com pressa, e a cidade inteira ganhava vida ao amanhecer. O padeiro e o vendedor de carvão chegavam com tanta rapidez que poderiam ter passado a noite já vestidos. Viajantes vorazes, estadunidenses, saúdem o amanhecer de uma nova experiência!

No inverno, o granizo soprava sobre a bela cidade, acinzentando as águas do Amstel. Na primavera, à luz do dia e no início da noite, costumávamos observar, na varanda à nossa frente, a vida dos indonésios desempregados. Seus ancestrais haviam sido exilados, expulsos dos pântanos do Zuider Zee para os ares úmidos de Jacarta. Agora, os filhos eram *colonos* retornados, curiosidades geográficas, mais uma vez de volta para os diques e pôlderes da Holanda, a pátria desconhecida que os recebeu com o desgosto próprio do que eles eram: uma conta atrasada que afinal chegou.

Os indonésios se reuniam na varanda, sentados ali como um testemunho desconsolado da grande energia dos holandeses, dos antigos cartógrafos, construtores de navios, agiotas, lapidadores de diamantes, tesoureiros de judeus, huguenotes e puritanos. As uniões que estávamos observando haviam ocorrido em inimagináveis plantações de açúcar, no calor desastroso de impérios exauridos. Mulheres lindas, de um marrom líquido — a sogra pequena e lustrosa, a menina da cor de poeira —, com pulsos e tornozelos delicados como ossos de galinha. E os homens holandeses pesados, secos, sardentos e estufados, caseiros e reconfortantes.

Os desastres da guerra ainda pairavam sobre o país, e, no entanto, todos os nossos amigos holandeses estavam lendo *A. O. Barnabooth: Son Journal Intime*, de Valéry Larbaud, apreciando a elegância sagaz do herói fabulosamente rico e seu vício em "butiqueísmo".

As multidões de Amsterdã e até mesmo do campo, com pessoas lotando as casas, cada uma delas uma espécie de nobre decadente que compartilha o espaço da mesma maneira que uma árvore aceitaria pacientemente o pouso noturno de bandos e bandos de estorninhos. Todo o conhecimento da Europa parece estar se aninhando ali também. E uma certa tristeza, uma respiração ofegante. Não, não, a tensão não é nada. Não dê importância a ela. Acabo de ter um desejo de ir para as montanhas.

Em Amsterdã conhecíamos muitas pessoas, e nenhuma delas se perdeu na memória. Agora mesmo, sonhando, fui atraída de volta a uma pintora chamada Simone e seu fervoroso amante, o eterno marido, dr. Z.

O dr. Z. tinha o egoísmo moderado e bem nutrido, adequado a seu pequeno e culto grupo de colegas e amigos e próprio do mundo profissional instruído de Amsterdã. Ele teve seu sucesso, parte dele na medicina, como especialista em doenças hematológicas, e parte dele no amor. Por causa do tempo que dedicava às mulheres, ele poderia se surpreender ao ser lembrado como *marido*.

Na Holanda, o aconchego da vida é tão completo que não pode nem mesmo ser perturbado pelas violentas rupturas emocionais que em outros lugares separam casais e amigos para sempre. Em vez disso, lá os primeiros maridos e as primeiras esposas estão sempre nos mesmos jantares e comemorações de aniversário com os segundos maridos e as segundas esposas. Divórcios e amores rompidos se misturam, como se o passado fosse uma espécie de vinagre misturado ao azeite do presente. Para onde se poderia fugir? Para esse povo inquieto, novas alianças eram como o rearranjo de móveis familiares. Casas e vidas são assim transformadas — até certo ponto. Minha querida, veja, há um homem tocando violino na rua e seu filho está no saxofone. Moedas caem das janelas. A sombra passou, e tudo está em ordem outra vez.

Ela se muda para a casa dele. O Herengracht, uma grande melhoria. A esposa dele se instala em outro lugar, levando consigo seus volumes de filósofos existencialistas. Que prazer estar se recombinando e ainda assim não ir a lugar algum. O velho mapa do centro da cidade, com seus tons desbotados, capta a luz do sol.

O dr. Z., que passa o dia inteiro de jaleco branco e à noite usa uma gravata com listras vermelhas e azuis vibrantes, nasceu em Amsterdã. Mesmo assim, o sangue do Oriente corre em suas veias. Há algo de xeique nele, e, embora haja ao seu redor homens mais chamativos, mais bonitos e mais jovens, ele ocupa seu espaço com uma autoconfiança gentil e intensa. Sua vida pessoal é rica em variedade, e, apesar disso, ele se mantém reflexivo. Sua originalidade residia no fato de preferir adquirir em vez de substituir.

A fidelidade, a consideração e a terna devoção à esposa eram as marcas desse marido infiel. De certa forma, era como um daqueles deficientes que todo ano entravam no campo de cem jardas. Bravo, todos gritavam quando ele marcava pontos. É claro que suas façanhas não eram numerosas, e ele era um homem ocupado e sério que frequentemente era chamado à tribuna de universidades e faculdades para receber honrarias. Ainda assim tinha seus envolvimentos, bastante simples e sérios como ele, mas dignos, intensos, que o absorviam por completo. Sem nunca abandonar a única esposa, ele transformou cada uma das mulheres de sua vida em uma esposa. Você pagou seus impostos?, ele dizia; você ligou para sua mãe esta semana? Ah, querida, não gosto do som dessa sua tosse.

Muitas vezes era tomado pelo impulso de fugir e se achava pronto ou forçado pelo amor a "construir uma nova vida". Mas isso era impossível para alguém que não podia jogar nada fora. Que compromisso a intimidade sempre é, ele suspirava. O fluxo sagrado entre homens e mulheres na cama, conversando em um café, falando ao telefone, passando o tempo. O que ele não sabia sobre o traiçoeiro, belo e dourado jugo do tempo?

Será que alguém ainda aprecia seus antigos colegas de escola, seus primos de primeiro grau? Essa não é a questão. Eles são seus colegas de escola, seus primos, e sempre há algo ali, como a presença duradoura de seu dedão do pé.

Mevrouw Z. — ela estava lá desde sempre. Eles haviam sido separados pela guerra, mas conseguiram se reunir na mesma casa antiga. *Mevrouw* Z. gostava de ser chamada de Madame Z. porque era francesa. Pequena, deve ter se tornado em sua primeira juventude uma daquelas pessoas miúdas e compactas que nunca mudam, que encontram um determinado estilo exterior e o aceitam, como se aceita um estilo arquitetônico à venda. Quando seus jovens cabelos pretos começaram a ficar grisalhos, ela os tingiu da cor antiga e os usou no mesmo corte curto da juventude. No momento em que saía da cama pela manhã, aplicava máscara de cílios preta. Usava boinas de veludo e aferrava-se a seu *visual*, que anunciava como uma trombeta que ela não era holandesa, mas francesa. Em outros aspectos, não estava em conformidade com nenhuma das noções de uma francesa. Não cozinhava bem, não estava interessada em atrair homens, não tinha mão firme com as contas domésticas. Deixava uma velha camponesa da Holanda cuidar da casa. Madame Z. era ociosa, exceto pela enorme quantidade de leitura a que se dedicava e por sua paixão pelo teatro francês. Lia sobre teatro nos jornais franceses todos os dias e ia a Paris com frequência, assistindo a uma apresentação por noite.

Após encontrá-la algumas vezes, achava-se que era vaidosa, mas não argumentativa. Poucas coisas lhe pareciam novas, poucas a surpreendiam. Isso era interessante. Ela acreditava que o interesse em si mesma, simples e grosseiro, era uma verdade antiga que novos movimentos e pessoas tentavam disfarçar.

O dr. Z., que achava que os eventos de sua vida estavam repletos do entusiasmo do único, do inesperado e do inexplicável, às vezes mordia o lábio com irritação quando ela expressava sua crença no princípio da repetição. Apesar disso, viviam em uma intimidade especial.

Da Holanda, escrevi muitas cartas queixosas. Querida M.: Como a casa é fria. Como brigamos depois de muito gim etc.

Cartas queixosas — e esse foi um dos períodos mais felizes de minha vida. Com que gratidão volto o olhar para a Europa pela primeira vez. E isso inclui Verona. Observamos as janelas rachadas e a brilhante desordem de Istambul. E o longo período na Holanda, período de viagens de trem, uma delas até Haarlem para ver os regentes da casa dos velhos homens, em sua implacável miséria em preto e branco, pintados por Frans Hals em seus últimos dias. Os cavaleiros risonhos talvez tivessem comido muitas ostras, bebido muita cerveja e tido uma morte indesejada, embora satisfeita, deixando os pobres, libertos de uma vida amarga de prazeres assassinos, a murchar na caridade, a viver com o semblante duro e sombrio.

Antuérpia e Ghent: que nomes maravilhosos, ele disse, sólidos como os pesados paralelepípedos da praça. Amsterdã, uma cidade de leitores. Durante toda a noite, parecia ouvir o virar de páginas, páginas em francês, italiano, inglês e o desprezado alemão. Aquelas cabeças jovens se lembravam de Ovídio, Yeats, Baudelaire e recordavam sofrimento, ocultamento, congelamento. O peso dos livros e das guerras.

O que você está fazendo aqui?

The Rise of the Dutch Republic, de Motley, e Fromentin sobre os antigos pintores holandeses em uma edição elegante da Phaidon.

O dr. Z. havia adquirido a enfermeira em seu consultório. Uma mulher de aparência jovem que nunca havia se casado e vivia frugalmente fora do centro — uma longa viagem de bicicleta. Tinha suas tardes ocasionais com o dr. Z., tardes que agora, de acordo com as fofocas, se tornaram tão superficiais e saudáveis quanto um check-up. Ah, as obrigações.

O dr. Z. adquiriu Simone, a pintora, depois que o marido dela a deixou. Empurrou as outras duas, para abrir espaço. Simone era frequentemente citada como a mulher mais independente de Amsterdã. Também era a única pintora mulher de quem se falava, e foi a partir de sua longa e nervosa luta para se estabelecer que a independência chegou. Se é que de fato chegou. Ela não demonstrava nenhuma felicidade especial ou confiança por "fazer algo bem-feito".

Por que pintar quadros deixaria alguém feliz?, dizia. Não é uma diversão. Os nervos dela estavam em frangalhos, e ela possuía uma forte tendência à melancolia e à exaustão. No entanto, desgastada pela vida como se via, estava sempre durante movimento, sempre subindo e descendo as escadas até seu estúdio no quinto andar. Em sua fadiga agitada, Simone era uma figura impressionante vestida com roupas esfarrapadas e misteriosas que, ao que parece, comprava em brechós durante suas viagens. Saias, blusas e jaquetas de cetim ou tecido florido, adornos dos Bálcãs, miçangas, capas, xales e brincos antigos. Isso às vezes resultava em uma frugalidade desordenada; em outras, ela lembrava os dignitários da igreja em Florença quando se dirigiam, em veludos gastos e peles desarranjadas, ao altar do Duomo para soltar a pomba.

Talvez, se fosse homem, pudesse ter se tornado cardeal. Nascera católica, e isso fora deixado de lado no ambiente intelectual libertário de Amsterdã, que era uma espécie de arquivo de conhecimento trotskista, socialista e anarquista. Simone às vezes era vista entrando sorrateiramente na igreja, usando vários xales enormes em um disfarce lamentável. Dizia-se que talvez estivesse indo rezar pela alma do irmão, que havia colaborado com os nazistas.

O marido de Simone parecia um esquiador dos Alpes, mas era professor de história. Na realidade, ele partiu em uma longa viagem para esquiar na Áustria, e, uns seis meses depois, uma nova mulher chegou a Amsterdã, uma americana. Eu sempre quis uma americana, disse o marido.

O dr. Z. solidarizou-se com Simone e ficou indignado com a complacência do marido e, mais ainda, com a ridícula felicidade com a bela americana. O médico teria se saído diferente de alguma forma, de alguma maneira, homem de memórias aglutinantes que era. Começou a citar o provérbio russo mencionado na novela de Púchkin *A filha do capitão*:

> Encontrando alguém melhor que eu, vai me esquecer.
> Se encontrar alguém pior, de mim vai lembrar.

Alguém pior? Como saber isso agora, e, se acabar sendo assim, será tarde demais, insistiu Madame Z.

Lentamente, ou não tão lentamente, o duo do dr. Z. se tornou um trio. Ele e a esposa conheciam Simone fazia anos. Isso não era favorável? O ex-marido não estava morando com sua americana no apartamento abaixo do de Simone?

O dr. Z. era um homem passivo por *natureza*; ou seja, com frequência era levado a ações e estados de espírito totalmente opostos. Decerto, no início de seus casos, essa passividade natural tirava uma licença prolongada. Começava em um frenesi de sentimentos impetuosos. Apaixonava-se; bebia demais; apressava-se no expediente e chegava em casa tarde demais para jantar e, às vezes, não antes da meia-noite.

Seu ninho foi sacudido por uma nova tempestade, e o chilrear dos pássaros teve início. A esposa disse que isso era exatamente o que esperava e que não a interessava. Simone hesitava, mas lá estava o apaixonado dr. Z. com ingressos para o teatro. Lá estava ele segurando firme seu braço enquanto passavam pelo marido dela e pela garota americana na porta da casa. Logo, disse ela com um suspiro desanimado, também estava apaixonada.

A enfermeira chorou o dia todo, até mesmo na frente dos pacientes. Quando Simone ligava para o escritório, a enfermeira a maltratava e ameaçava.

É muito ruim para um médico ter enfermeiras em tal estado, disse Simone. Talvez seja possível encontrar outro emprego para ela.

O dr. Z. foi pego de surpresa, mas rapidamente se recuperou. Está tudo acabado com ela, insistia, mas não posso virar as costas a alguém que conheço e com quem trabalhei por sete anos.

O dr. Z. tinha ciúmes de Simone, e os silêncios dela o deixavam terrivelmente alarmado. Fez seu amor retroceder alguns anos. Sim, ele se lembrava de ter sido tomado de sentimentos anos antes só de vê-la comprando um livro na praça, em uma festa de Ano-Novo, quando ela calçava sapatos de veludo verde.

Não me lembro de nada disso. Para mim, o momento presente já basta, disse ela.

Às vezes, o médico não queria ir para casa à noite e anunciava que estava disposto a ceder o imóvel para a esposa ou então estabelecê-la na França. Durante semanas, parecia que algum plano novo estava sendo elaborado. Sim, estou elaborando um plano, dizia a todos. Mas então chegou o momento em que seu humor se tornou cabisbaixo e triste. Dizia que Madame Z. odiava mudanças.

Ninguém gosta de mudanças, dizia Simone. O dr. Z. chorou. Mas já se passaram mais de vinte anos. Pense nisso.

— • —

Seus pais — eu os conhecia, assim como todos os seus parentes vivos, e até mesmo os mortos. O casamento. Muitas vezes discutíamos sobre *interpretação*, tão rico em conjecturas é o texto da família.

Ele dizia: Você se recorda que todas as noites meus pais se vestiam para o jantar. Eu pensava nisso como algo militar, como pessoas em um posto do exército. Os armários dele eram repletos de trajes de gala, uma grande coleção de smokings de verão e de inverno, sapatos de couro envernizado com laços. Você acha que foi por isso que eles imaginaram...

Ou *fingiram* imaginar, eu disse.

Imaginaram que um dia eu daria todo o dinheiro deles a um monge errante vestido de lã marrom e sandálias.

Para mim, os pais dele eram um casal complicado. Estavam em ótima forma, eram muito cuidadosos e prudentes. E, no entanto, bastante sensoriais em relação a roupas de cama finas, trajes íntimos de seda, almofadas macias e o ronronar adequado dos motores domésticos. A boa visão do pai, os dentes saudáveis e o bom jogo de tênis não o impediram de ter uma morte precoce. Morreu pouco antes de irmos para a Holanda, e levamos seus últimos dias conosco. A mãe morreu logo depois que voltamos.

Eles não gostaram disso, sentenciou o filho mais tarde. O coração deles não aguentou. Infelizmente, o coração não é uma metáfora — ou não é apenas uma metáfora.

As colinas de casa na planície da Holanda. Pense nisso, ele dizia, nossos pais nasceram no século passado. O tsar cortava lenha para se exercitar.

Em Amsterdã, não havia expatriados famosos morando nas colinas ou instalados em vilas floridas perto do mar. Uma semana, muita neve. Onde estamos?, nos perguntávamos. Em Iowa City? Muitas vezes era como se os bondes estivessem todos voltando para casa. À noite, sentindo-nos desenraizados porque muita coisa nos era familiar, contávamos uns aos outros nossas histórias de vida. O abraço felpudo e mofado da cama nos fazia flutuar não como viajantes, mas como pessoas que, de alguma forma, eram levadas de volta aos componentes da juventude.

Estivemos no mercado de flores — milhares de naturezas-mortas. As pessoas, correndo pela Leidseplein, revelavam semelhanças fantasmagóricas com as que havíamos abandonado. Velhas acusações: essa é a memória deixada por mães e pais. Ou será que somos nós, na lembrança, que estamos acusando? Então, no frio, a ladainha dos exilados no antigo idioma.

Lembrou-se da decepção que ele havia sido para o avô, de como o velho, morrendo de câncer, o chamava, o único homem por perto desde que o belo filho havia morrido aos trinta anos. Quem é você?, perguntava o avô. Em um ano, magro e bonito; no outro, corpulento e taciturno. Não sabe atirar, não sabe andar a cavalo. Quais prêmios ganhou, exceto por colecionar cobras e meias incompatíveis? Em um veleiro, uma ameaça. Onde você está, *por que* está aí olhando para a água? Você vai afogar todos nós.

O fogão apagou, a neve grudou nas vidraças, o contorno dos lustres franjados capturou a luz da rua. Nas sombras, ouvindo os sinos badalarem as horas, fumávamos e conversávamos.

A história nos assalta, e, se sobrevivermos, seremos devolvidos ao mundo das fofocas. Foi o que aconteceu com o dr. Z. Ele era meio judeu e passara um tempo em um campo de trabalhos forçados na Alemanha. Esse bem estabelecido amante dos Países Baixos, com suas alianças nervosas e fidelidades peculiares, havia encarado a morte, enfrentado o extermínio do irmão mais novo. Essa vida, sua aura, permaneceu em seus orgulhosos olhos cor de oliva, nas pesquisas sobre as devastações que fluem na corrente sanguínea, nas relações amorosas que desafiavam a morte. Ele era um pequeno e astuto país europeu movendo-se cuidadosamente em tempos de paz, impulsionado pela força de lembranças terríveis.

Portanto, vida após a morte é se apaixonar novamente, montar um pequeno negócio, aprender a dirigir, viajar de avião, tirar férias ao sol.

Começou a parecer que Simone não era adequada para o papel de amante. Ela disse: Isso trouxe à minha natureza um grande embrutecimento. Odeio a Madame Z. O que ela é, um general? Dá ordens demais para aqueles de nós que estão na retaguarda.

Odiar?, indagou o dr. Z. Isso é muito extremo. Ela tem suas qualidades.

Quando Simone via a esposa na rua, saía correndo na direção oposta. Temia tanto um encontro que não ia à casa de seus amigos sem fazer averiguações.

Todo o círculo deles em Amsterdã estava envolvido no caso. Esse desejo de expulsar a Madame Z. e a enfermeira é o que move Simone, decidiram as pessoas. Sim, a garotinha que segurou a mão de tantas freiras não pode aceitar o purgatório da natureza e das intenções confusas do dr. Z.

Certa vez, Madame Z. viajou a Paris por várias semanas. Com passagem de ida e volta, é claro, observou Simone com amargura. Mas, em liberdade, ela e o médico foram passar um fim de semana em Londres para ver filmes. Não foi um período feliz. O dr. Z. estava sempre ligando para Paris para conversar com a esposa ou telefonando para o consultório a fim de falar com a enfermeira. Dizia-lhes mentiras tremendas sobre uma "conferência". Simone passou a maior parte do tempo em Londres falando: Isso logo acabará, e voltaremos ao começo.

Minha querida, não apresse sofrimentos futuros, respondeu o médico. Mas tudo correu como ela havia previsto. De volta para casa, Simone podia ser vista várias noites por semana na janela de seu último andar olhando para a rua, esperando a aproximação acelerada do amante. E, tarde da noite, quando ele retornava para a esposa, Simone abria as persianas e acenava um longo adeus para o homem moreno, mal-arrumado e vivaz que virava a esquina e desaparecia de vista.

O dr. Z. estava feliz com suas dores de amor. Adorava passar a noite no estúdio de Simone fumando, tomando café, comendo bolinhos de chocolate e bebericando gim. Estava honestamente cada vez mais apaixonado, e a veracidade de seus sentimentos muitas vezes fazia Simone explodir em lágrimas de raiva.

O dr. Z. havia estudado o corpo e seu funcionamento e gostava de dizer: Nós, seres humanos, somos, *au fond*, construídos de maneira bastante simples. Sim, bastante simples. A parte complicada, até mesmo nós, cientistas, ignoramos.

Em relação às questões amorosas, ele parecia sentir o mesmo. Seu trio angustiante fazia com que ficasse frequentemente irritado, sem dormir, ansioso, ciumento e até mesmo bêbado. Mas ele também conhecia bem o desânimo da renúncia e a tortura da ausência. Assim, atormentado, acusado e até mesmo culpado, ainda havia felicidade em tranquilizar a enfermeira chorosa no final do dia, em levar para casa *pâté* e queijo para a esposa, em descer um canal escuro de braço dado com Simone cantando "In questa tomba oscura". De alguma forma, conseguia emprestar à nobre composição um coquetismo sincero.

Durante nosso ano na Holanda, houve pelo menos um movimento de recuperação por parte de Simone. Rompeu com o médico e ficou em casa por semanas, com medo de encontrá-lo e outra vez se render à paixão dele por ela. Ele assobiava embaixo da janela, tulipas em vasos chegavam. Veja as cores! Um Mondrian tardio, não?, dizia seu bilhete.

Pediu até mesmo a ajuda da poesia europeia:

> Ai de mim, onde conseguirei flores quando é inverno e onde estão a luz do sol e a sombra da terra? As paredes

permanecem mudas e frias, os galos dos ventos chocalham em meio às ventanias.

Simone foi acometida por uma crise depressiva e não voltou atrás. Ela feriu os sentimentos do médico ao dizer: Não me importo com ninguém agora. Muito menos comigo.

A esposa e a enfermeira do médico sentiram-se afrontadas com a revolta de Simone. Acusaram-na de futilidade e superficialidade, de indiferença. O sofrimento do médico as acometeu, como se fosse contagioso. O alerta, a perda, a humilhação dele eram um insulto para elas. E talvez as duas mulheres, tão acostumadas às maneiras dele, tenham sentido que a singularidade dos finais poderia lentamente se transformar em plural.

Os casos de amor, com sua energia e esperança, não chegam repetidamente, perpetuamente. Então, não se joga mais tênis, não se desloca mais de um lugar para outro no verão, não se entende mais o uso que se pode fazer da vista dos Andes ou das colunas de Luxor.

Aos poucos, ficou claro que Simone não seria substituída. Pobre dr. Z., com suas infidelidades e mentiras agradáveis, suas novas aquisições e perturbações envolventes: elas desapareceram de repente, mas de maneira tão silenciosa e natural que ele foi o último a saber.

Não diziam que a rainha Elizabeth foi pega de surpresa pela velhice, como se fosse uma geada?

Em poucos anos, a enfermeira voltou para o campo para se aposentar e cuidar da mãe idosa. Simone morreu. Descobriu-se que ela havia feito mais de uma dúzia de retratos do dr. Z., e um deles foi vendido a um museu americano por um preço justo. Nele, o dr. Z. é visto em um jaleco branco rodeado por instrumentos de sua profissão. Na parede, não há um, mas três esqueletos estilizados pendurados em ganchos.

— • —

1973

O médico e a esposa estão em Nova York para uma conferência. Vou encontrá-los em um hotel pobre e deprimente na 70 Oeste, onde se hospedam os europeus desabonados.

Pareciam duas bonecas de lã, e eu não conseguia decidir se a francesa havia crescido até o tamanho do holandês ou se ele, com uma condescendência cortês, havia simplesmente se encurvado até o tamanho da pequena esposa francesa. Ela ainda usava a boina preta, e suas unhas brilhavam com um esmalte cor de vinho. Falava em línguas: holandês, alemão, francês e inglês, como se estivesse escolhendo doces em uma bandeja.

O dr. Z. enfrentou um dia ameno de inverno em Nova York vestido em camadas siberianas. Usava um pesado sobretudo preto, um colete de lã, um suéter cinza-escuro e, quando sentou na sala de espera do saguão, ceroulas cinza apareceram por sobre as meias.

Ele conversava, contava as fofocas de Amsterdã, falava do trabalho, do custo assustador das coisas, dos hippies no Vondel Park.

Madame Z. fumava e tossia. Estavam estudando o mapa da cidade, procurando linhas de metrô e ônibus. As extraordinárias dificuldades de economizar em Nova York os deixavam perplexos, e permaneciam sentados como se fossem puxados para a lama de um deslocamento desanimador, a confusão que aflige estrangeiros idosos e antiquados quando visitam os Estados Unidos. Eles que já haviam estado em toda parte, de Jacarta a Tóquio, Índia e todos os países da Europa.

O dr. Z. sorriu, fez uma reverência e correu em busca de cadeiras e de um canto tranquilo. Na verdade, ele parecia estar tateando no ar de Nova York em busca dos apoios de sua vida em Amsterdã, de sua casinha desgastada pelo tempo no Amstel, com o consultório no primeiro andar e os quartos acima com os velhos carpetes estampados, o conforto das horríveis abstrações dadas pelos pacientes, abstrações que cobriam as paredes próximas às escadas como tantas manchas coloridas de água deixadas por um vazamento antigo.

Onde está minha vida?, ele parecia estar dizendo. Meus pratos de mexilhões em conserva, as fatias de queijo, os copos de gim com limão?

Ainda assim, a importância cintilava em seus olhos — seus olhos azeitonados ainda brilhavam com o óleo da vaidade rememorada e ameaçavam encharcar-se com as lágrimas de tudo o que ele havia aprendido e esquecido em sua longa vida.

Nós da Holanda fomos os primeiros a desenvolver estudos importantes sobre o sangue, disse ele. Não tenho mais meu laboratório no hospital, mas continuo acompanhando os desenvolvimentos na minha área. Como não acompanhar? O trabalho de uma vida.

Nós da Holanda ficava aparecendo em sua conversa. A vastidão dos céus que eles haviam sobrevoado e o grande abismo em que haviam pousado fizeram com que ele evocasse seu país como um embaixador, alguém que representa o todo.

Você lembra que ele era bem conhecido lá, disse a esposa sem nenhuma inflexão especial. Ah, eu sei, eu sei. Eu me lembro bem do famoso dr. Z.

Chega disso, disse ele. O queijo edam é mais famoso do que qualquer holandês. Lembrar-se disso também é bom.

Como já eram quase seis horas, perguntei se queriam ir a um bar irlandês próximo para tomar um drinque. O médico se afastou com um olhar assustado, mas a esposa aceitou a sugestão com veemência. De fato, sim, ela gostaria de tomar um drinque, disse com uma insistência e um desafio peculiares.

Sentamos em um canto escuro, e Madame Z. pediu um martíni. Um martíni americano, disse duas vezes. O médico se encolheu e debruçou sobre uma cerveja, uma Heineken. Apoiando a indústria do seu país, disse a esposa.

— • —

De repente, em meio à escuridão, Madame Z. iniciou sua ladainha cadenciada, despejada com uma energia assustadora. Ela não era de falar muito, disse o médico, tentando sorrir. Veja as mudanças inesperadas e imprevistas da idade, o céu repleto de estrelas cadentes!

Estava claro que a récita não era nova, e, em seu decorrer, pausava apenas para pedir outro drinque.

Sempre odiei a Holanda. Não sou holandesa. Sou francesa, nascida em Paris.

Há muitos franceses, interrompeu o médico. Isso não é o que eu chamaria de uma distinção especial por si só.

Ela continuou. Há muitos holandeses também e são todos iguais. Os homens e as mulheres. O provincianismo. Você consegue imaginar um país orgulhoso de indonésios magros, escuros, lentos e rudemente primitivos servindo com casacos vermelhos? *Rijstaffel* — uma piada. Nozes, passas e bananas. Eu preferiria arenque, se houvesse escolha... Então é comer ou passar fome... Mas o pior de tudo é a feiura das pessoas. Quem consegue distinguir homens e mulheres com capas de chuva horrorosas, sapatos com sola de borracha... Veja a rainha — uma piada. E a velha Guilhermina parecendo um búfalo em seus *tweeds*... E o clima, escaldante como o inferno no verão e chuviscando no restante do ano. *Chuviscando*, qual o idioma desse verbo?... O que está acontecendo em Amsterdã, hein? Alguém está tocando órgão em uma igreja. Eles acham que são mestres da cultura quando falam francês, mas, quando alguém quer escrever algo, escreve em holandês, que ninguém lê. E por que deveriam ler? Até mesmo os poloneses estão em situação melhor. Varsóvia é uma cidade real, não um cenário de teatro de marionetes como Amsterdã.

Seu cabelo preto, preto, seus pequenos pés pretos, seus dedos cor de vinho pesados com pedras semipreciosas vermelhas e verdes engastadas em ouro. Ela era como um velho vaso esmaltado, com ranhuras e trincas, mas ainda assim inteiro.

O médico tremeu. Não se pode chamar isso de discussão, disse ele.

E, virando-se para o lado, fez um esforço para mudar o fluxo terrível. Não me considero um patriota, disse, mas ainda assim eu não poderia dizer que os holandeses são um povo civilizado? Talvez seja um pouco cansativo falar sobre a perda da Indonésia e tudo o mais, porém...

Indonésia!, ela esbravejou, e o bartender encolheu os ombros. Como todos vocês reclamavam quando tinham de ir até lá para dar palestras... para aconselhar, como diziam. Para visitar os homens ricos em suas fazendas. Choravam a noite toda por causa dos insetos e da umidade. O suor sofrido do senhor holandês. Imagine a Holanda com colônias. Você já viu a assim denominada cidade de Paramaribo? É um escândalo, uma piada.

Madame Z. se levantou cambaleante, exausta. O médico segurou seu braço e deu um suspiro tão profundo quanto a morte. Na rua, sob o vento frio, ele sustentava a pequena esposa, que não conseguia ficar de pé sozinha. Estava pendurada em seu braço como uma sacola de compras preta. Naquele momento ela estava quieta, e ele tentou uma expressão descontraída, sussurrando um adendo.

Como você pode ver, ela começou a beber de maneira desastrosa. Um suspiro, e curvou-se com algo de seu velho xequeísmo, atraindo-me para as memórias que eu tinha dele.

É por causa de todos aqueles casos amorosos, especialmente com a querida Simone. Elas não o perdoam, no fim das contas. São os momentos de vingança delas.

Pareceu acalmar o médico sua tentativa de assumir a culpa, como se até mesmo a vingança o levasse de volta aos seus dias de juventude. Não estava claro se ele acreditava no que dizia. O desconforto em seu sorriso.

Quando nos aproximamos do hotel, ele disse com amargura: São só oito horas. Mas o que podemos fazer a não ser ir para a cama sem jantar? Ela vai dormir e não vai se lembrar de nada, isso é típico. Um mistério. Sim, ela precisa ir para a cama.

Cama!, gritou Madame Z., convocando seu último fôlego. São todas amantes terríveis. Fraudes, todas elas. Fiascos!

Eles passaram pelo saguão marrom e cinza, velhos companheiros tristes, mas não totalmente infelizes. Acenam em despedida. Ele se curva, e ela agora pisca e sorri.

Ela atingiu o médico como se fosse a Fúria Espanhola, mas, por sorte, ele está acostumado com o vento do mar do Norte. Com a boina torta e uma mecha de cabelo caída na altura da bochecha, Madame Z., de Paris, havia finalmente se tornado holandesa, precisando apenas de algumas conchas de ostras vazias espalhadas e a seu redor um cachorro esfarrapado para lembrar aquelas mulheres que bebem e fumam cachimbo nas pinturas do século XVII, criaturas da vida comum que a burguesia holandesa tinha o prazer de encomendar e comprar.

PARTE NOVE

Algumas estiveram aqui nesta casa em Nova York, estiveram aqui esfregando o chão, limpando fogões engordurados, dedicando suas horas, suas semanas. Uma esteve em outra cidade, em Boston, outra no Maine, vivendo inverno após inverno, uma década caindo como neve sobre as anteriores, silenciosamente.

Quando penso em faxineiras com doenças injustas, penso em você, Josette. Quando preciso passar roupa ou usar uma panela pesada para cozinhar, penso em você, Ida. Quando penso em surdez, doenças cardíacas e idiomas que não consigo falar, penso em você, Angela. Grandes bacias de lavar roupa cheias de lençóis me fazem lembrar de mais de uma delas.

Eu vim para o Maine a serviço há muito tempo, disse Ida. Vim ainda menina, com a família, para trabalhar na casa de veraneio. Eles sempre diziam como o Maine era lindo, e, em um verão, eu simplesmente fiquei... Palavras de uma lavadeira rude e peculiar.

A paixão por golas impecáveis sob o ferro de passar, pelo ranger do aspirador de pó, o brilho da cera no chão, a água arrancada à força dos esfregões sujos, as camas apertadas como uma bandagem. A energia dos movimentos luxuriosos, a brancura das toalhas, as latas de lixo polidas. Batalhas ferozes contra a repetição, contra a preguiça dos outros, as migalhas e a poeira, o acúmulo de cinzas, a aderência dos ovos, as panelas queimadas e os fornos enegrecidos. Em algum momento do dia, finalmente as coisas estão, por um momento, no lugar.

A intolerável beatitude no ritmo dos escravizados e por trás das paixões: a necessidade, a discrição, o hábito, a vontade.

Estou pensando em Josette e Ida, lembrando-me delas aqui no meu escritório em Nova York, onde as traças logo surgirão, a mancha de batom na porta branca nunca será limpa, o broche de granada perdido jamais aparecerá, tampouco as janelas ficarão livres das marcas de escapamento dos caminhões velhos e a torneira deixará de pingar seu rastro verde-grama.

As heroínas, ao girarem a chave na fechadura da porta pela manhã, chegam como um remédio desejado ou até mesmo como um transe de felicidade perfeita. Josette, em Boston, há muito tempo. A bênção de seu uniforme de náilon branco, seus pesados sapatos com sola de borracha, o lampejo benigno dos falsos dentes cinzentos, a coroa de cabelos grisalhos rígidos cortados em um chanel reto, a pele marrom-acinzentada fria como aço. Beleza formada por negativos. Ela subia e descia correndo as escadas íngremes da rua Marlborough e as escadas de outras casas antigas da cidade, malignas subidas e descidas nos espaços do privilégio, castigando as pernas, o coração e a disposição para a glória das salas de jantar com doze cadeiras próximas à parede, para os grandes salões retangulares, um na frente, outro atrás.

Rilke imaginava que uma tampa não tinha outro desejo senão o de repousar uniforme e firmemente em sua respectiva lata. As velhas luzes da avenida Rand no verão, o playground, os concertos, tampas e latas tentando se encaixar. E se no início da vida elas se encaixam, ou parecem se encaixar, a maioria das pessoas mais velhas estremece um pouco.

Josette, sem filhos, tinha um marido que conhecera no colégio — Michael. Sua labuta começou, sem dúvida, no momento em que se conheceram e viram suas vidas fluírem a partir do encontro. O primeiro amor — tudo é concedido para a eternidade, e esses dois, leais e temerosos, tinham um mistério em torno de si, o mistério dos órfãos. Michael era dolorosamente inseguro e, ainda assim, se mostrava confiante. Juntos, compartilhavam a humildade e a cortesia, compostas de pobreza e parcimônia, de asseio e difidência. Ambos cresceram em Lawrence, Massachusetts; ambos eram de famílias franco-canadenses que tinham emigrado para trabalhar nas fábricas.

Boston: uma intermissão. Muitas coisas acontecem entre os atos. Tudo veio a mim e me foi tirado por causa da mudança de um lugar para outro. De qualquer forma, passei algum tempo na bela cidade, a cidade repleta de nomes.

Connais-tu le pays? Sim, todo mundo conhece Boston, até eu. Como está o senhor esta manhã?, dizia Josette. O senhor? Devo tingir o ralo cabelo castanho dele de ruivo, algo que poucos possuem? Um terrível desalinho de calça e paletó e pés metidos em meias esgarçadas. Sorriso gentil mostrando dentes curtos como os da mãe.

Querida M.: Você me perguntou sobre a vida dele em Boston. É estranho que, mesmo sendo esta a cidade dele, parece que não fazemos parte dela. É claro que sou como um esquimó enviado a um circo, todo coberto de gordura de baleia. E ele? Trinta e seis anos não é nem jovem, nem velho o suficiente para certos lugares, mas talvez, no final, esta cidade o interessasse tanto como o interessou quando ele era jovem. Agora, muitas pessoas parecem pensar que ele é um anarquista (elas se esforçam para soar um pouco desatualizadas), e ele frequentemente tem o olhar apreensivo de um agente secreto. Como sempre, lê e escreve o dia todo, aqui nesta casa no último andar, bebe litros de leite e fuma. Odeia que eu ponha para tocar meus discos de jazz, mas às vezes eu os ouço até tarde da noite, e ele dança, fora do ritmo, como um urso.

A saúde dele? Muito boa. Há por aqui um absurdo médico minúsculo, um psiquiatra, doce como um capelão, muito convencional e tímido, acostumado a tratar e aconselhar mulheres bem-nascidas de Boston que ficaram muito tempo em casa e homens jovens que não estão indo bem no State Street Trust. Ele não parece saber a diferença entre os dois casos.

O que aflige o médico, o que o faz olhar para o relógio, são as longas "associações livres" sobre Goethe. Ele é seu parente?, perguntou o pequeno doutor. Bem, não é algo de se envergonhar, eu acho, já que o homem saiu da escola quase um século depois do germanismo brâmane.

Há quanto tempo foi isso, Josette? Vinte anos. Vou me lembrar de um tipo, alguém nada surpreendente. Uma senhora alta e magra, com a aparência exata que deveria ter, sendo uma senhora de Boston idosa e *peculiar*.

A idade e as pernas muito longas lhe davam um aspecto equino. Ela, fiel à sua imagem, oferecia chás da tarde enfadonhos aos domingos e convidava estudantes tediosos de estados satélites, de Taiwan e da Coreia. Os rostos amarelos e os cabelos esticados dos alunos entravam na penumbra de sua mansão empoeirada perto do Boston Athenaeum. A velha senhora sabia um pouco, mas não muito, porque sempre tivera dinheiro e nenhuma profissão, e por isso sua mente vagava, arremetia e voava para longe.

Que estranho e impudente declínio, um *desaire*, livre, aberto aos domingos, galopando pelos altos salões com suas longas pernas de cavalo. A segurança de seu tom de voz. Ela dizia: Que pena, não há mais um partido socialista. E: Henry Adams foi o homem mais feio no qual já pus os olhos.

Tinha um desejo curioso de capturar os eruditos em uma estrada secundária de ignorância. Por ser um espetáculo de Boston, várias pessoas talentosas se aproximaram dela ao longo da vida — entraram nos salões deprimentes onde ela sentava atrás de uma bandeja de prata polida e oferecia pãezinhos que haviam sido tostados pela manhã e estavam duros como cimento. Em algum momento da festa, apontava para várias gravuras antigas na parede e anunciava com um sorriso malicioso:

> Mostrei essas coisinhas a Panofsky uma vez, e ele ficou perplexo. Absolutamente perplexo. Mas, professor, eu disse, são simples *vues optiques*. Nada além disso, triviais *vues optiques*.

A idosa, vivaz como era, tinha, de maneira positiva e marcante, a mais profunda incuriosidade. As biografias das empregadas e os corpos dos hóspedes eram observados por ela apenas por acaso, da mesma forma que as coisas de repente se manifestam em uma bandeja, rapidamente, em um borrão. Sua incuriosidade, sem dúvida, era a fonte de seu apego à anedota, ao momento da conversa em que soltava suas frases de efeito.

No entanto, seu último ano de vida foi uma maravilha. Em seu octogésimo sétimo ano, fez um amigo adorável. Um jovem tagarela e animado entrou na escuridão da velha casa, que não era pintada havia anos. Ou seja, ele veio como um visitante, um novo amigo, quase violentamente feliz por estar com ela entre os antigos retratos e objetos de valor, o mobiliário Chippendale quebrado, as cadeiras de palhinha bambas, as recentes embalagens de alumínio dos balcões de comida congelada. O rapaz era o que na época dos antigos círculos chamavam de "fada" — e voou até ela vindo da desordem de Somerville, da pilha de compostagem atrás do Harvard Yard.

O jovem adorava a idosa, e o mais gratificante de tudo era que ele acreditava que ela era um *personagem*; ele a via exatamente como ela se via, sem reservas. Sim, ela de fato era um velho espécime com pedigree de Boston, e isso — pois assim ela se via — era surpreendentemente agradável para ambos, pois era a própria imagem dela. Ele entrava e saía correndo da casa, sem esperar por convites; corria e beijava a cabeça branca e confusa; fazia o criado rir com suas imitações do sotaque irlandês. Ele adorava olhar as fotos da família dela e, quando a viu sentada em uma pedra perto do mar, usando um longo traje de banho preto, disse: *fantástico*. Ou então estava ela, mais de meio século antes, em uma festa no gramado. Você está fabulosa!, ele gritava. O chapéu, o chapéu... maravilhoso!

Aquilo era genuíno, porque ele também era um personagem, uma erva daninha forte e resistente de fofocas e risadas, de confissões sobre noites de diversão e erros, de receitas culinárias com azeitonas inesperadas e peixes polvilhados com chocolate.

Ela estava se aproximando da senilidade, e ele era um brinquedo ao qual haviam dado corda. Divertiram-se muito juntos, e no final, inspirada pela honra e pelo amor, ela lhe deixou uma boa parte de seu dinheiro. Saldou sua dívida.

Queridos: Não fiquem muito orgulhosos de mim. Cuidado com isso.

Com amor,
Elizabeth

Josette corria por Boston como uma ave migratória. Às vezes as empregadas irlandesas, de rosto fresco até a velhice por terem nascido em algum lugar do interior, ficavam surpresas com seu cinza industrial, aquele gene descolorido dos moinhos e da fábrica de calçados. Josette era diarista, trabalhava em uma casa na segunda e em outra na quarta-feira; as empregadas irlandesas assavam bolinhos de bacalhau pela manhã, preparavam sopas e assados à noite e moravam em pequenos cômodos escondidos em grandes casas.

Graves desastres por trás da agilidade de Josette. Espancamentos na infância.

Certa vez, enquanto tomava uma xícara de café, contou que havia sido estuprada por alguém da família e não quis dizer quem era. Em minha mente, aquilo pareceu se conectar com a perda de seus dentes, que, é claro, ocorreu muito depois. O frio do Canadá, as peles úmidas. Não, não havia sido o fato mais marcante de sua vida, insistiu — e foi há muito, muito tempo. Mas você se lembra disso? Lembrar, bem, isso sim, respondeu.

A mente de Josette estava muito ocupada por uma irmã monstruosa que ainda morava em Lawrence. O que a prendia a ela não era tanto o afeto, mas a confusão de sentimentos. E, de certa forma, estava entusiasmada com o poder das aberrações de sua irmã. Fomos de carro até Lawrence para que eu pudesse ver com meus próprios olhos a invalidez ultrajante e interessante em que a irmã, bruta e caseira como uma bota velha, morava ou reinava.

Era de fato inigualável; uma daquelas pessoas possessivas e exigentes que podem exigir e receber, que podem subjugar e envolver os outros de maneira inimaginável aos olhos dos mais sensatos. A irmã ficou paralisada diante do espetáculo de suas incapacidades, elevada a picos de sentimento a cada dor e desconforto, rápida em lançar no ar a magia de seus sofrimentos como sorrisos retorcidos. A inteligência encoberta concedia dimensão à sua rigidez, trazia-lhe a estrutura de uma contabilidade intensa, sem erros, autocentrada.

A irmã estava sentada em sua cadeira de rodas, dona extraordinária de sua artrite — da mesma forma que as meias são anunciadas em tamanho *extra* para pessoas que pesam entre cento e vinte e cento e sessenta quilos.

Sentada, enorme e fascinante, rodava pela pequena habitação, que consistia no andar de cima de um dos lados de uma velha e apodrecida casa de madeira que duas famílias dividiam. Os médicos, anos antes, insistiram que ela não estava paralisada. Enrugaram o rosto de irritação diante do desafio perverso e determinado dela. Não importava, ela se recusava a praticar exercícios para as articulações, recusava-se a se submeter a cirurgias, recusava-se a *tentar*, rejeitando qualquer sugestão de melhora, como se ameaçada por uma rival. Tornou-se grande e incapaz, gorda e fraca, aleijada e combativa.

Sabia-se que de vez em quando a irmã uivava a noite toda, orgulhosa da dor de sua aflição. Os gritos e as queixas ganhavam substância na minúcia das descrições, as perseguições profundamente refletidas.

Josette, na época em que a conheci, já havia tido os dois seios removidos em decorrência de um câncer, e outras complicações se propagavam nela insidiosamente. Enfrentava a mutilação à distância, do lugar reservado para cabelos brancos e rugas ao redor dos olhos, algo lento e comum, *ali*.

(Doenças. Quando eu voava de volta para casa durante o ano, ao pousar no aeroporto de Bluegrass, parecia-me que os cumprimentos doces e alegres sempre estavam misturados a calorosos apertos de mão de diabetes, hérnias, pressão alta, cataratas, histerectomias, problemas na próstata.)

A irmã centralizava a conversa nos seios perdidos e na magreza de Josette; e no fato de ela ter acolhido isso sob uma aceitação benevolente.

Veja Josette correndo por aí, dizia ela. Já a minha sorte é poder me arrastar até a porta e me jogar escada abaixo quando a hora chegar...

A auréola da invalidez surgiu acima de sua cabeça.

Anjos do cuidado: ela, briguenta, mesquinha, deformada e teimosa, há alguns anos havia recebido um jovem como inquilino. Essas coisas acontecem. Pessoas sem espaço para respirar recebem locatários, e pessoas mal alimentadas colocam cartazes anunciando café da manhã.

Logo o inquilino se tornou um companheiro, um cúmplice tão intensamente envolvido quanto ela em sua vida delirante e petrificada. Ele vinha, o semblante belo e introspectivo, com os mantimentos depois do dia na fábrica. Empurrava a cadeira de rodas para a varanda e dispunha a enorme carga no carro para passeios dominicais — para dentro e para fora da casa com cuidado, levantando-a e acomodando-a com uma atenção apaixonada e peculiar que constituía uma vitória desafiadora.

Ele falava e ouvia. Os dois compartilhavam suspeitas sobre as intenções humanas, e os olhos de ambos reluziam com as notícias desanimadoras da mercearia, a delinquência dos vizinhos, o mau-caratismo dos negligentes e ingratos.

Durante toda a nossa visita, Josette sorriu, suspirou e tremeu conforme a vítima se dirigia ao prato de biscoitos, aproximava-se do café no fogão, girava em busca da colher e do açúcar. Perto do fim, Josette se dobrou ao feitiço, ficou séria e branda. Mais tarde, comentou que a irmã estava ficando, a um só tempo, cada vez mais gorda e murcha.

Certa noite, alguns meses depois, a irmã foi acometida por um violento mal-estar. O jovem, temendo a exigência dela de não ser removida, temia mais ainda a morte. Chamou uma ambulância em meio aos gemidos e às acusações dela, e a figura tão pesada foi levada para o hospital, para ficar deitada na sala de espera entre enfermos ruidosos que nada sabiam sobre doença, que desdenhosamente deixaram a vida e a morte se aproximarem sem nenhum senso de possibilidades, de longos martírios.

Nenhum deles, choramingava ela, sabia dos anos em cadeiras de rodas, das improvisações, das adaptações e do patrimônio interior que ela havia acumulado.

A irmã, por fim, tinha muitas enfermidades. Ouviu atentamente, com os olhos arregalados, a listagem de todas elas: diabetes, doença renal, doença cardíaca e também artrite.

— • —

Ela morreu. O jovem fechou-se, quase não saindo mais, exceto para ir à mercearia de onde voltava com os mantimentos, agora uma sacola de alimentos prontos. Ela foi a única mãe que eu tive, disse. Josette voltou da missa e do enterro profundamente envergonhada, mas incapaz de descobrir a forma exata daquilo.

Uma noite luminosa ao ar livre na cidade de Nova York. É sábado, e as pessoas endividadas estão indo a restaurantes, entrando em táxis e movendo-se de oeste para leste pelo túnel sob o parque. Que diferença faz o fato de estar aqui sozinha? Agora mesmo, pouco depois das oito da noite, os caminhões estão começando a entregar o *Times* de domingo.

Depois de um ano, mais de um ano, volto para você, Josette. Nesse meio-tempo, estive em Honolulu e na Rússia. Uma vida inteira de preocupação e leitura pode nos levar, enfim, a viagens gratuitas que você não tem certeza se deseja fazer. Na companhia de outras pessoas que não têm certeza se devem gastar seu tempo com isso justamente agora. Você, tão pobre e com tantas dificuldades, poderia se interessar em saber que existem muitas faxineiras paradas nos corredores dos hotéis da Rússia. Curioso — elas não entram com frequência nos quartos. As sobras do esturjão do primeiro dia passaram a semana toda na bandeja na mesa ao lado da cama.

Josette teve uma história de amor, adequada à sua luta antiquada e ao ritmo constante, lento e determinado de poucas expectativas que, no entanto, deveriam ser alcançadas. Michael era um homem pequeno e inseguro, não muito inteligente e sempre trabalhando nervosamente. A loja de automóveis o enchia de ansiedade e amor, a ansiedade do amor talvez. Os homens da oficina entravam sorrateiramente em sua conversa. Ele adorava alguns deles pela esperteza, pela resistência e pela experiência de vida; outros o assombravam pelo mau humor, pela indolência e pelo descuido. Pouco instruído, com medo de desagradar, Michael era como um homem de um século anterior, hierárquico, estando ele mesmo na mais baixa colocação.

Sonhava com carros, e finalmente um de seus sonhos se tornou realidade quando ele comprou um Buick de segunda mão. As virtudes do automóvel, a quilometragem, o bom motor, o preço baixo (quase um roubo conseguir um carro tão bom por esse preço, repetia): e ele mesmo ao volante, os ouvidos atentos a cada ruído e zumbido. Estava feliz, exceto pelo temor dos amassados que poderiam ser causados por outros.

Às vezes, aos domingos pela manhã, ele dirigia até o beco da rua Marlborough e contemplava o nosso carro. Lá estava ele com um chapéu marrom, meditativo. Acariciava o carro com um pano macio, levantava o capô e olhava demoradamente para o interior. Inspeção da bateria, avaliação dos pneus.

Josette o dia inteiro tirava o pó de vasos da França, varria tapetes orientais e, na lareira, admirava os aparadores de mármore e dava brilho às elaboradas grades de latão. Arrumava as camas com colchas antigas, olhava para espelhos com águias nas molduras — e nos fins de semana e nas férias ela e Michael entravam no Buick e seguiam para campings.

Tinham muitas e belas lembranças da forma como a água e a luz eram conectadas, das pessoas que perambulavam com notícias sobre outros campings, de lugares bons e ruins, da camaradagem, do rádio, das latas de feijão para o milagroso fogareiro, das latas de cerveja da caixa térmica perfeita.

Josette, com sua paixão pela ordem, adorava lugares pequenos, metais que brilhavam em azul, rosa e verde-claro. Adorava purê de batata industrializado e salgados congelados. E sempre havia o carro, o objeto pelo qual eles trabalhavam e economizavam. O próprio estacionamento de trailers era o hino cantado para o automóvel, dizendo que o carro era de fato seu verdadeiro lar. A casa móvel, a grande caixa apoiada em seu terreno, adormecida, sonhando com a estrada, sonhando em ser perenemente rebocada para algum lugar além.

Michael, é lógico, foi acometido por uma doença terrível que desconcertou sua vida. É possível dizer *é lógico* porque nunca tinha havido promessas certas em sua vida e porque sua falta de brilho mental, em conjunto com a obediência, lhe provocara medo. Era um daqueles homens que agiam como se estivessem esperando que gritassem com ele e não soubessem como responder.

Um coágulo de sangue na perna ameaçou sua vida e a modificou em um instante. Nunca mais se recuperaria e, ainda assim, levantava-se da cama, fraco e aleijado, pensando loucamente no emprego, no emprego. Cambaleava para a loja de carros, punindo a si mesmo desesperadamente, infeliz, e ainda assim, piscando de maneira ansiosa por trás dos óculos amarelados e murmurando sobre "o retorno em seis meses", e, nesse intervalo, nunca telefonou para o médico a fim de perguntar se seus sintomas eram pertinentes.

Ele e tantas outras pessoas carentes que conheci pareciam ter medo de incomodar os médicos, de agir fora de hora, de reclamar, e assim seguiam em frente, com a consulta distante na memória, como se esperassem por uma recompensa ou um prêmio da loteria.

Na loja, com o rosto exibindo uma careta que tentava parecer um sorriso saudável, sua condição piorou, e ele foi forçado a se demitir. Por várias semanas comportou-se feito um louco, e Josette estava tão cinzenta quanto a morte, cinzenta o suficiente para ela e para ele.

Então, um golpe de bênção, de dádiva. Michael conseguiu um emprego como zelador em um belo edifício em Back Bay, trabalhando basicamente para habitar o apartamento no porão que lhes fora concedido.

Amava o trabalho e de repente também passou a ser amado. Amado pelos inquilinos, pelos proprietários, por sua limpeza, sua disposição, sua devoção ao edifício. Isso encheu seu coração de apego apaixonado, ocupando o espaço ressentido que fora deixado vazio e dolorido por sua saída da loja de carros.

À noite, Michael pintava todas as paredes do porão. Enfileirava latas de lixo limpas e bonitas. Empilhava ferramentas e mangueiras, pendurava utensílios em pregos, carregava malas para armários e esvaziava compartimentos inteiros para ordenar os objetos armazenados de acordo com o tamanho.

O pequeno apartamento com sua meia cozinha e uma pequena geladeira brilhava e se tornava o quadrado puro e limpo que ambos amavam. Sentados à mesa dobrável para o jantar, pareciam nada além de bonecos estranhos, surrados e contentes, dispostos em uma prateleira.

O prazer deles pelo lugar aumentava, e o pobre estropiado esforçava-se cada vez mais, trabalhava cada vez mais duro. Por fim, com um perverso revés do destino, como o de um conto de fadas amargo, sua labuta ofegante e obsessiva passou a chocar os proprietários, criou na mente dos inquilinos satisfeitos um sentimento cúmplice de pressentimento e culpa, uma ideia de que era a morte que estava lavando a calçada, polindo a aldrava da porta. Eles o persuadiram a se demitir.

Josette e Michael desistiram e assumiram seu destino. "Aposentaram-se" com uma ninharia e foram para a Flórida, onde o sol desabava sobre os campings. O Buick também se aposentou, parecendo se metamorfosear em um trailer.

Um ano depois, recebi um cartão de Josette:

Perdi Michael. Ele morreu subitamente no caixa do supermercado onde trabalhava.

Vejo luzes cor-de-rosa no trailer deles, e Josette e Michael ali vendo televisão, ao lado de outros trailers formando oblongos idênticos em tons pastel. É institucional e reconfortante, algo que apreciam, semelhante a um velho orfanato, um espaço circunscrito e movimentado onde os iguais se reúnem.

Talvez lhes pareça que o resto da vida foi vivido em um lar adotivo duvidoso, uma daquelas iniciativas de melhoria malsucedidas — acomodações particulares calculistas e ardilosas em um túmulo de estranhos. Seu camping — finalmente eles o alcançaram, eles o mereceram.

O trailer deles, assim como os outros, é limpo, mas também o oposto de uma compleição espartana. Eles vivem em um disfarce criado a partir da fantasia. Cada objeto tem a forma de algo que não lhe corresponde. O relógio é um timão de barco, o alumínio azul externo conduz a uma escuridão marrom de paredes pintadas que remetem a porões de castelos. Tapetes de retalhos de náilon, lembrando os dos antigos pioneiros americanos, uma cerca branca, cadeiras de balanço de pinho nodoso, muitas coisas que estranhamente gritam "vovó".

A chuva na lataria plana — isso deve ser agradável, pois transforma a poeira morna em lama.

Josette — a diferença entre a rua Marlborough e a Beacon Hill. Todo aquele cinza estava repleto de luz, e é um constrangimento falar de alguém tão bom. Com um chapéu cor de vinho empoleirado nos cabelos esticados, certa vez ela veio me visitar em Nova York, quando eles ainda estavam na tranquilidade do apartamento no porão do prédio. Mas está tudo aqui, disse ela. O armário verdadeiro e o aparador falso.

Tenho certeza de que ela também morreu. A ele foi dada uma doença cardíaca, e a ela, um câncer. Ambos se foram, todas as suas perguntas ficaram sem resposta.

Após a morte da amada criada Rose, os Goncourt relembraram os vinte e cinco anos de cuidados que ela lhes dedicou, das alegrias e tristezas compartilhadas e da devoção dela, "do tipo que se espera estar presente quando se fecham os olhos pela última vez".

No dia da morte de Rose — "a ironia das coisas" —, foram convidados pela primeira vez para jantar com a princesa Matilde. Poucos dias depois, ficaram sabendo da vida real de Rose, de "orgias noturnas", partos secretos, dívidas, uma paixão ciumenta e horrorosa pelo filho da leiteira, uma paixão que a matou após passar a noite toda debaixo da chuva o espionando. Com essas revelações, os Goncourt aprenderam o quê? A sempre serem "desconfiados do sexo feminino" e estarem atentos ao "talento para a mentira" das mulheres.

Outro verão, agora em 1972. Um círculo de neblina ao redor do chalé de Ida. Uma janela está aberta, e, portanto, ela ainda está ali. E, já que está viva, está lavando as roupas das pessoas — um fato pressupõe o outro.

Maine, Caribou e Moosehead; criaturas incríveis e raras. Em pleno verão, flores silvestres impiedosas e daninhas, bagas pendentes dos ramos dos freixos das montanhas, estorninhos nos amieiros, as espinheiras dos velhos arbustos de amora. Uma onda de calor invade a cidade como o rugido das motocicletas no domingo. O pôr do sol, contudo, trará um vento fresco para sacudir as janelas. As ilhas estão repletas de espécimes de americanos abastados e friorentos, veraneando. Alguém pratica esqui aquático na baía, e a visão é quase indecorosa. Se o calor continuar, a natureza selvagem será ameaçada pela seca e pelo fogo. Não é possível ter um verão de verdade sem excessos aqui no norte; o excesso que é o verão ameaça os bosques naturais úmidos e ventosos, os quais, mesmo que você nunca tenha visto, sempre ocupam sua mente.

Atrás da porta da casa de Ida, suas grandes galochas pretas de inverno estão a postos, uma premonição em agosto do inverno do Maine. Ela sabe onde está. Do mesmo jeito que o trenó de uma criança fica apoiado o verão todo na porta da frente de uma casa na cidade. Na casa de Ida, as folhas de beterraba estão no fogo, e ela prepara a carne. O ritmo constante de seu dia, de sua estação. Para o café da manhã, fatias grossas de bacon; uma grande panela preta na qual os ovos flutuam como ninfeias. Enquanto eles estrelam, ela examina o céu do dia.

Cabeça grande, dentes grandes, pantufas grandes e os braços grandes que a vida inteira estiveram torcendo, puxando e estendendo. Todas as partes grandes do corpo doem de alguma forma, mesmo que todas sejam fortes.

1950

Esta noite conheci Ida. Duas vezes por semana ela vai à cidade, conduzida pelo proprietário da loja de ferragens, e faz suas entregas de lavanderia. Solta gemidos e risadas altas e roucas enquanto arrasta primeiro a si mesma e depois os cestos de roupa para fora do banco traseiro afundado. Não tem muito mais de trinta anos, mas nela não há indícios de juventude, exceto pelas ondas formadas nos cabelos por grampos presos perto das orelhas. Ondas avermelhadas, rosto grande, redondo e avermelhado e uma voz potente e avermelhada.

A cesta de vime está lotada de lençóis e fronhas de linho, de toalhas brancas. Na parte superior estão dobradas blusas, camisolas de seda e anáguas que ela chama de "roupas do corpo". Conta o dinheiro e segue para a próxima casa na praça e depois para os casarões de veraneio com vista para a baía. Os clientes mais exigentes se queixam dos chamuscados do ferro de passar, mas com suavidade, porque ela é conhecida por ser durona e se enfurecer facilmente, aproximando-se com uma expressão pugilística nos olhos claros e rosados.

Essa primavera foi úmida demais, grita ela. As batatas são pura água.

O discurso lírico é reservado para seu trabalho. Ela admite que adora ver as roupas secando no varal. É lá que ficam bonitas e frescas, insiste, levantando a voz.

A pequena casa de Ida fica em uma colina perto de um rio. É dela, pagou por ela, construiu-a e, ao longo dos anos, quase nunca saiu de lá. Não tem família e, como as pessoas do campo, não tem um cenário propício para amizades; vizinhos, sim, que a levam de carro até Bucksport para ir ao mercado de vez em quando. Compra pães brancos enormes e algumas coisas do caminhão da mercearia que passa uma vez por semana e durante o verão prepara conservas em sua cozinha — conservas para o longo inverno. Ela é demasiado pesada e teimosa para se movimentar, demasiado difícil e independente para qualquer coisa que não seja trabalho.

Anos 1960 — talvez fosse a pequena casa de Ida ali no silêncio, visível sem ser chamativa. Arrumada e robusta em sua fundação de concreto.

As árvores farfalhavam ao vento, a caixa de correio enferrujava, e à noite as estrelas mais frias pareciam estar bem em cima da casinha. Mas lá dentro havia aquela mulher gorda e forte, o fogão preto reluzente que aquecia dia e noite e a velha e larga cama de penas com cabeceira de carvalho, edredons e colchas.

O desastre veio no início dos anos 1960. Ida começou a ser visitada por Herman, um homem da região, de uma das famílias nativas. Herman aparecia e desaparecia, indo e voltando; instalava-se em um barraco ao lado de seu velho pai. Às vezes vinha por um ano e ia embora pelo mesmo período; às vezes ficava apenas alguns meses. Balbuciava qualquer coisa sobre trabalhar em navios em algum lugar, já que havia crescido no mar; falava um pouco de pesca de moluscos ou de camarões no Sul.

Era moreno, magro e alto, com um ensimesmamento de eremita desagradável e irritadiço, rompido de vez em quando por espasmos desconcertantes de reminiscências rápidas. Nessas conversas sobre recordações, seus longos dentes amarelos emergiam dos lábios taciturnos como faróis na neblina, seus olhos errantes cintilavam com a lembrança de bebedeiras, de tripulações de iates no Caribe.

A esse respeito, Ida mais tarde diria com escárnio: Eu preferia ter a bordo um babuíno sem polegares a ter esse daí.

Os períodos de torpor de Herman, contudo, tinham seu conteúdo: esquemas grosseiros, manobras insignificantes, pequenos furtos, empréstimos, planos idiotas para negócios esquisitos.

Herman é ainda mais horrível quando, em uma sexta-feira à tarde, senta-se no banco de trás do carro de entregas, encolhido entre os cestos de roupa suja, com cara de desgosto ou, às vezes, assumindo um ar autoritário, como se fosse o patrão de Ida.

Por um tempo, ele está seguro no grande colchão de penas. Mas havia o problema do dia , quando as tinas ferviam, a máquina de torcer roupas rangia e o ferro de passar enchia a casa de odores fumegantes. Levantavam-se ao amanhecer, e às vezes, às sete horas, ele caminhava "descendo a rua" e passava a manhã conversando com os homens no cais, com os construtores de barcos em seus galpões lotados. Ao meio-dia, voltava para casa para comer batatas e repolho cozidos, guisado e a cerveja que havia comprado com o dinheiro da lata de doces escondida atrás do fogão.

Aos poucos, o som da velha lavadora Maytag passou a exercer um efeito perturbador sobre Herman, e ele podia ser ouvido praguejando contra ela. Ida gritava de volta, em uma violenta defesa da máquina. Ela gostava de brigar e discutir e era conhecida por ser uma inimiga perigosa. Naturalmente, ela odiava tudo o que Herman era — inconstante, ocioso, um ermitão errante com uma natureza morosa e exigente a qual poderia, no momento em que a necessidade o atingisse, fixar-se em outro lugar.

O inverno caiu sobre eles. A temporada de suicídios começou cedo. A terra, depois de uma nevasca, transformou-se em uma quietude lunar, satânica, brilhante. As árvores altas, alteradas pela neve e pelo gelo, despontaram na paisagem ártica como antigas formações cataclísmicas de esplendor malicioso. As pequenas casas na estrada, com fogões e fornos que sopravam calor, as lâmpadas reluzindo, tremendo na brancura, poderiam ser assentamentos à espera de uma desgraça que despencaria silenciosamente sobre elas durante a noite.

O pesadelo da intimidade na pequena casa, as vontades congeladas e combativas. Sobre o que aquele homem poderia falar durante o inverno? Não havia nada que ele soubesse, ela disse.

Ao sair da cama e ir para a cozinha, ela saudou o amanhecer glacial como sempre. Ele — sombrio, pálido, mórbido. Os dois estavam enlouquecendo, e o calor do fogão, onde o ferro esquentava e a comida fervia, era o calor do inferno.

Em uma época de degelo, a morosidade de Herman se transformou em uma malícia nervosa e resplandecente. A essa altura, Ida já havia descoberto que ele tinha a alma e o corpo de um condenado. Ele havia entrado e saído da prisão, às vezes entrando para fugir do frio ou simplesmente para estar em algum lugar. Da mesma forma chegara até ela — para cumprir uma sentença de prisão.

Mas o espírito da liberdade condicional baixara sobre ele, e esquemas obscuros voltaram a invadir sua mente. Começou a murmurar que a casa era metade dele, e as palavras fizeram com que ela gritasse e brigasse tão ferozmente que a polícia foi chamada. Entre os vizinhos, havia uma dúvida: qual dos dois seria assassinado primeiro.

Um dia, Herman desapareceu para sempre. Levou consigo todas as coisas úteis que encontrou na casa — a pequena reserva de dinheiro de Ida, um título de guerra, o caderno em que ela anotava suas economias, o qual ele jogou na sarjeta, um broche sem valor. Essas coisas cresceram na mente de Ida a tal ponto que ela passou uns meses internada em um asilo de loucos.

Ela se debateu, arranhou e ameaçou fugir. Recebeu alta e voltou para casa, para suas cestas de roupas, para suas panelas de carne e seus nabos cozidos, para a tábua de passar roupa, o balde e o esfregão.

Agora o verão atual. Um verão excessivo com as gaivotas, o grito dos pequenos barcos na correnteza, o mar sujo, o molusco infectado. Há algumas horas, fiz a viagem até a casa de Ida, bati na porta de tela trancada e senti algo quase assustador. Ah, Deus, lá estava ela, feia, muito feia, com uma terrível erupção cutânea, corpulenta em seu vestido de algodão, manca em suas pantufas, empurrando a porta com uma lentidão dolorosa e pesada. Está violentamente alegre. Os cestos de roupa suja que aguardam para serem recolhidos agora são de plástico vazado vermelho e azul.

Seus braços grandes e musculosos me envolvem por um momento em um abraço forte. O cheiro de roupa lavada é, verdadeiramente, como um incenso amargo e sagrado. Seu cabelo curto está úmido. Suas pernas estão inchadas, os tornozelos amplos e doloridos parecem gemer quando ela desloca seu peso. Continua ali em pé, rangendo os dentes enormes no rosto redondo e lustroso. Ah, Ida.

Por um momento fica emoldurada diante de sua nova lavadora branca, como se esperasse para ser fotografada — selvagem, milagrosa, com o sorriso ambíguo de uma antiga deusa do lar, um ídolo ao qual nenhuma oferenda jamais foi realizada sem um queixume.

PARTE DEZ

Um dom para a vida. Alguém que eu conhecia, detentor desse dom, foi assassinado. Eu morava em Connecticut, em uma casa nova com muitos objetos, livros e fotografias velhas trazidas às pressas de São Petersburgo na década de 1920. As letras do alfabeto russo estavam por toda parte, na capa dos livros de receitas em cima do forno de parede, no interior das coleções de poesia ao lado da cama, nos livros de arte empilhados perto da lareira. De um mundo novo para outro, muitas coisas antigas. Naquele verão, pareceu-me uma boa ideia alugar minha casa no Maine para *experimentar* Connecticut.

No noticiário da noite, ouvi seu nome e vi a polícia carregando seu corpo, coberto por uma lona, para fora do apartamento na rua 50 leste, em Nova York. Seu nome, seu nome completo, não exatamente como o chamávamos. Ele, o nome, as portas se abrindo para a rua, o corpo seguindo para o necrotério, tudo passava rapidamente no anúncio em *staccato*, como a temperatura, que prometia subir, e os resultados do beisebol. Ao mudar o canal por causa do flash repentino, eu o encontrei mais uma vez. Ele, baleado no próprio apartamento durante a noite. Um estranho? De que poderes os estranhos podem se valer.

O assassinato nunca foi solucionado, e logo não se ouviu mais falar do crime. Por alguma razão, um ano se passou até que os amigos se reunissem e realizassem uma cerimônia fúnebre tardia, discreta e incerta na St. Bartholomew.

— • —

Um assassinato é um desafio, um constrangimento para a vida interior da pessoa morta, quase uma desonra, como outros eventos violentos que podem ocorrer sem prévio aviso. Não é certo que você não tenha escolhido, de alguma forma descuidada ou motivada, colocar-se no caminho de um assassino. Talvez por prazer — isso é o pior. O caminho de um assassino, aí está a escolha. Pegue esta rua, pegue esta mão.

O apartamento dele era impressionante. Uma vista cara, exatamente o que ele queria, todos diziam. Ele havia começado a ganhar dinheiro, desfrutara de sua esplêndida torre por pouco tempo, apenas para oferecer um grande jantar, e finalmente estava ali, no cenário adequado para seu dom para a vida. Partir tão rapidamente, sem saber nem poder contar, sem a preparação do corpo para a angústia, sem indicações, deixou, nesse caso, um vazio mais parecido com morte natural do que com a morte em si, com seus laudos de artérias desgastadas, explosões de tumores desenfreados, minutos finais.

A srta. Lavore. Muitos e muitos anos se passaram desde que eu a via andar pelos corredores das pensões perto da Columbia. Caminhando ruidosamente, pesada e preocupada, em marcha, com a vaidade de um caminhão irrompendo pelas avenidas. A srta. Lavore: uma guerreira com penas vermelhas no cabelo e a pintura de muitas emboscadas nas bochechas redondas.

As acomodações, com quartos separados e cozinhas e banheiros comunitários, eram habitadas por alunas de pós-graduação, algumas lendo *The Faerie Queene*, e por mulheres que saíam para trabalhar todos os dias. As mulheres que trabalhavam eram falantes e, ao mesmo tempo, evasivas ao extremo. Em muitas pensões, adquiriram experiência; o conhecimento de alianças repentinas que em determinado momento azedaram enfim produziu essa eloquente circunspecção. O que a pensão representava na vida dessas pessoas que estavam no mesmo emprego havia anos era o medo do contrato de aluguel, da compra de mobiliário.

Não importava, elas instalavam cortinas, cobriam o tampo dos móveis de bordo com retalhos de tecido, acrescentavam um abajur melhor para acalmar os olhos cansados após o dia no escritório.

E, no entanto, as mulheres falavam boa parte do tempo sobre as lembranças das casas de sua juventude. Lembravam-se dos pratos com estampa de rosa-damascena pendurados em suportes na parede, das rendas antigas, dos castiçais de latão, das colheres de servir de prata, dos relógios de tique-taque forte e faces decoradas, das colchas coloridas, das caixas de pau-rosa.

Talvez pouco daquilo fosse verdadeiro. Pessoas reservadas tendem a generalizar suas memórias, efetuar-lhes discretas edições e adoçá-las. Nenhuma das mulheres dizia onde trabalhava. E cada uma delas valorizava a placa de alerta com a frase muitas vezes sublinhada: *Favor limpar a banheira após o uso.*

Preparavam seus modestos jantares, e os cestos de lixo complementavam a história com pacotes de biscoitos, papéis de bala e embalagens de cachorro-quente.

A srta. Lavore tinha uma vida. Quase todas as noites durante a semana frequentava aulas de dança no estúdio de Arthur Murray. Um retrato emoldurado e autografado de Murray e sua esposa estava pendurado sobre sua cama. Seria um exagero dizer que estava pendurado ali como um ícone religioso, mas decerto aquelas duas pessoas seculares enchiam de gratidão o coração da srta. Lavore. Podia-se dizer que haviam mudado sua vida.

A srta. Lavore era grande, forte e pouco atraente; beirava os sessenta anos. No final do dia de trabalho, voltava para casa de metrô, voltava para casa com energia para suas noites de dança e convívio. Preparava jantares mais substanciais do que o normal, dedicava um tempo ao rádio e ao chuveiro e depois reaparecia com um de seus vestidos rodados. Eram das cores mais chamativas: azul-ovo-de-tordo, cereja e verde-esmeralda. Com eles, usava seus resistentes saltos de camurça preta. Brincos e broches de vidro colorido combinavam com os vestidos vibrantes. A colônia da Coty perfumava seus braços roliços. Uma visão aterradora.

Lá se ia ela, membro especial do estúdio de dança Arthur Murray, participante de festas, aniversários, aulas bônus, prêmios e competições. À meia-noite, retornava para casa.

As outras mulheres, vendo como a srta. Lavore havia configurado sua existência, às vezes perguntavam timidamente sobre a possibilidade de compartilharem esse mundo noturno, o qual, no fim das contas, podia ser comprado.

A srta. Lavore tinha o ceticismo da experiência, a altivez de seus troféus de valsa, de seus certificados, de seus suvenires. Conhecia as artimanhas. Os vestidos farfalhantes haviam sido usados ano após ano.

Às perguntas das senhoras, ela poderia responder: Já pensou em jogar boliche? Muitas coisas acontecem lá, se você tiver habilidade para isso. Caso elas insistissem, concedia uma entrevista devastadora nos corredores, uma entrevista na qual se misturavam tolerância e a desesperança de um velho balconista especialista em mentiras.

Você dança? Agora me diga, o que quer dizer quando diz que dança um pouco? O que é um pouco? Tango? Rumba?

A valsa, minha amiga, não é tão fácil quanto parece.

Que luxúria havia em seus olhos. "Esse sujeito" e "aquele sujeito" pontuavam as conversas como batidas de tambor. Várias noites por semana, era enlaçada por parceiros de dança, membros novos e antigos. No estúdio havia música, ponche e o toque de barbas em sua face. Ao final, apertos de mão e abraços, despedidas espirituosas para a equipe e sorrisos indiscretos de encorajamento para os iniciantes mais reservados.

— • —

Certa noite, eu voltava para casa de metrô quando a vi na outra extremidade do trem. Ela estava envolta, ao que parecia, em um cansaço agradável e adquirido com muito esforço. Segurava uma pequena caixa florida e, ao abri-la, encontrou dentro dela um pedaço generoso de bolo, decorado com cobertura rosa e branca, do tipo encomendado para comemorações.

Comeu o bolo, amarrou de volta a fita na caixa e a guardou em uma grande bolsa preta, da qual seria retirada e então colocada sobre a mesa do quarto reservada para lembranças felizes. Lembranças felizes, triunfos, o longo livro de registro de sua vida, disposto em mesas e cômodas, guardado em papel de seda. Acumulações.

No final da tarde, a srta. Lavore era um fantasma transitório, vagando no momento indistinto entre o dia e a noite. Sobre o vestido verde, usava um casaco preto pesado. Os brincos verdes pendiam sob um chapéu de feltro cinza em forma de almofada. Uma mecha de cabelo cinza tocava os óculos sem aro que eu nunca tinha visto antes. Ela entrava lentamente no corpo daquela que ano após ano saía para trabalhar.

De repente ela adormeceu, embalada pelo movimento do trem. Com um suspiro profundo, sua cabeça balançou, em repouso, o chapéu de almofada escorregando pela testa.

Na estação da rua 110, acordou em um sobressalto, o despertador da experiência, e se recompôs para subir as escadas até a rua. Avançou na escuridão, e, em seguida, nos intervalos de luz, seus brincos cintilaram por um momento.

Ocorreu-me então que seu nome provavelmente não era Lavore. Esse era seu nome verde e azul-ovo-de-tordo, não a assinatura do casaco preto e dos óculos sem aro.

Nos sonhos, é dançarina profissional e, quando gira e mergulha, é pega por um homem magro com um casaco preto de cauda, um homem com nome dos Bálcãs, como os circenses. Gira em torno dele, reluzente como uma cacatua na gaiola. Eles são Lavore e..., famosa equipe de dança europeia.

— • —

Passamos por bares abertos e lojas fechadas. Uma esquina estava deserta, como se toda uma rua lateral tivesse apagado as luzes e fechado os olhos. Outra estava cheia de pessoas em grupos, alertas, insones, procurando a próxima parada em uma noite que acabara de começar. Uma mulher com sapatos brancos de enfermeira apareceu no vermelho do semáforo. A srta. Lavore e a enfermeira pararam lado a lado por um momento e se olharam brevemente. O último lampejo de curiosidade em dois corações que já estão no limiar do sono.

Um táxi chega ao meio-fio, e um jovem salta para comprar o *Daily News* e logo retorna ao veículo. A srta. Lavore faz uma pausa, como se estivesse atenta a essa dica de como prolongar a noite. Mas ela não se interessa pelas notícias.

Assobios enchem o ar repentinamente e mais uma vez se extinguem. Enfim, a srta. Lavore e eu nos cumprimentamos com a cabeça no elevador e resvalamos para o hall do estranho edifício, com suas celas peculiares para a proteção de uma privacidade vasta e avassaladora. Ela vai para a esquerda, e eu, para a direita. As portas se abrem, e os olhos espiam a fim de vigiar intrusos; as dobradiças cautelosas rangem em uma espécie de acusação.

Alguém está enchendo a banheira, alguém está ouvindo no rádio o pastor da madrugada. Está pedindo contribuições para "nosso ministério". Caixa postal 234 para as despesas incorridas na obra de Deus. E então um homem e uma mulher cantam juntos "Love Lifted Me".

...from the waters lifted me and safe I am...[4]

Está tudo certo. Amanhã, uma das jovens pegará as malas e partirá para sempre, pois nunca foi sua ideia ficar além do

4 "... das águas me elevou e agora estou seguro..." (tradução livre). Verso de "Love Lifted Me", hino de louvor composto em 1912 pelo britânico radicado nos Estados Unidos James Rowe e regravado inúmeras vezes. [N.E.]

planejado. Para as mulheres mais velhas é diferente. Elas são como pobres vaqueiros em um período de seca. Esperas incômodas na cozinha, irritação com os hábitos de estranhos, pesadelos. O que começou como um início vicejante pode se transformar do dia para a noite em um deserto repleto de inquietação, de impossibilidade. Então siga em frente. Experimente um esquema semelhante na Riverside Drive. Mas de maneira desafiadora, como se dissesse: Não se pode destruir uma ruína.

1973

Querida M.: Vendi a grande casa no Maine e vou construir um novo lugar para morar, começando pelo velho estábulo à beira d'água. Não vou dizer um novo lugar para morar de um novo jeito. Não seria necessário ir para algo como uma ilha, sem jornais, livros e amigos. A novidade busca uma temperatura amena, não é mesmo? Ficarei nas três ou quatro cidades de minha vida — e, à sua maneira, o clima é difícil em cada uma delas.

"Estábulo em curso", dizem os desenhos do arquiteto. Mas temo a metamorfose, a jornada das espécies. O estábulo, ou pelo menos aquilo que eu imagino de todos os estábulos, já serviu para vacas e feno. Mais tarde ele chegou para nós, especialmente para aquele que partiu, como um refúgio com um ameaçador ninho de andorinhas perto da porta.

Será que o estábulo consentirá em se tornar o que eu decidi fazer dele? Não sei. Às vezes tenho certeza de que estou construindo para um vendedor de pneus de Bangor cuja esposa não será gentil com as feridas de tal construção — os lamentos, os gritos dos animais velhos, as lembranças. Os lamentos e os clamores dos abajures da Lightolier, os tapetes coloridos sobre a madeira pintada.

Quanto à outra casa, a demolida, eu lamento e muito me arrependo disso. As noites de muito tempo atrás com H. W. e sua gravação desgastada do *Orfeu* de Gluck com Alice Raveau. Ouço a música, vejo H. W. muito alta, velha, com sua comovente beleza virginal. O cheiro das folhas banhadas pela chuva, o fogo aceso, os vasos de capuchinhas por toda parte, o pano marroquino laranja pendurado sobre a lareira. Que perda. Nunca deixarei de amar a idosa que nos deu tanto, e tanto somente para mim, para mim até mesmo a velha casa e o estábulo. Caso contrário, de onde eles teriam vindo... para mim? Alguém que não pensava no Maine, tão longe de casa.

Quanto às outras perdas que sofri, talvez minhas lembranças me traiam um pouco e iluminem a escuridão da cena, a agitação das noites. Estou tão ciente quanto qualquer outra pessoa do apelo e do poder do negativo. Bem, passamos de uma imagem esculpida para outra, e, digam o que quiserem, cada casa é um santuário.

Enquanto isso, aqui em Nova York, acabei de ver um cavalo e um cavaleiro em meio aos táxis ameaçadores. O homem monta o cavalo como se estivesse dirigindo um táxi, nervoso, com raiva, olhando para a frente, em sua própria pista. De certa maneira ele se mantém na esteira transportadora do tráfego, precisando apenas de uma espécie de buzina de cavalo para mostrar que, em Nova York, aquele homem pode transformar um animal em um Dodge.

Quando chegamos aqui pela primeira vez, a casa em frente era um estábulo. Um belo prédio de tijolos pintado em um tom de mostarda empoeirado, como uma vila italiana. Às vezes a antiga estrutura parece retornar, saindo da névoa da tarde, erguendo-se do mar de concreto. Mas que vantagem esse retorno traria a si mesmo, a mim?

O cavalo e o cavaleiro fugiram para o parque. No local onde ficavam os antigos estábulos, há um estacionamento. Uma centena de belas carruagens descansa ali ao sol da tarde. E à noite, certas vezes, o carro de alguém que conheço fica lá parado, sozinho, esperando a meia-noite.

Com muito amor, como sempre,
Elizabeth

Isso foi naquela época, há quatro ou cinco anos. O carro de Nova York se foi, e no Maine o estábulo recuperado agora treme com os ventos súbitos da costa. As cadeiras brancas no terraço são limpas pela névoa, e o próprio terraço, ansiosamente assentado, parece estar sendo arrastado para o mar. O antigo arbusto de flores brancas, esplêndido com seus espinhos curvos e assassinos, fica na margem de guarda. Um belo barco se aproxima de um ancoradouro de plástico vermelho. Pintassilgos nos amieiros. O cenário muda conforme a luminosidade do céu. Olho para ele com frequência e, com frequência, assim como outros aqui, me parabenizo por ter feito isso.

No calendário maltratado do passado, no fluxo de números que se movem para trás, eu imaginara que haveria anotações felizes de prisões e fugas, dias no sul com seu insinuante sotaque felino e noites no leste mostrando um descanso tão sedutor quanto os ventos de Éolo. E eu lá, marcando o dia com um *Eu.*

Na verdade, momentos, meses e até mesmo anos eram mágicos. Páginas viradas, preces sendo atendidas, e pessoas chamando: Você está aí? A lua mudava o campo para a lavanda prateada do amanhecer.

E ainda assim as velhas páginas dos dias e das semanas estão marcadas com anéis marrom-escuros das xícaras de café, e me vejo agradecidamente dissolvida no chão conforme a água escorre. Como deve ser, talvez, para alguém que não gosta de teatro e prefere ficar em casa lendo o texto do qual saem atores de botas, cartas em bandejas e belas mulheres na janela olhando para um cenário pintado de árvores e fábricas.

Às vezes não tenho certeza de quem está imaginando os trabalhadores que vivem em suas casas conflituosas, deitados em sua paisagem como se estivessem sob uma camada de roupas íntimas. Ou aqueles que juntam tranqueiras, as quais lhes são caras como relíquias. Ou aqueles que desejam se enfiar no amor, mas não enxergam o buraco da agulha.

Palavras e ritmos, uma cachoeira de frases, luzes azuis, olhos cor de âmbar, o mar sob um lago em chamas. Devo me lembrar da perfeição de um queixo pontudo e da abundante e espinhosa auréola de cabelos levantinos escuros e amorosos? Ou de minha rival, a garota com o papel de carta verde-claro?

Ah, M., quando penso nas pessoas que enterrei, no Norte e no Sul. No entanto, por que não conseguimos manter à distância o tom de ironia, a conversa fiada, despreocupada? As frases nas quais tentei certo tom leve — muitas delas têm a ver com eventos, reviravoltas, destruições que me fizeram chorar como uma criança.

> ... Ó, você não poderia saber
> Que essa fuga tão rápida
> Nenhuma alma previa —
> Nem mesmo eu — que tanto me desfaria!

Mãe, os óculos de leitura e o encontro com os rostos úmidos, tão cinzentos, das intensas senhoras da igreja. E então uma vida inteira com um amontoado de homens que oscilavam entre se aproximar e se afastar.

O tormento das relações pessoais. Nada de novo ali, exceto no disfarce e na fuga nas asas dos adjetivos. É bom ser perfurado por punhais no final dos parágrafos.

Às vezes me ressinto do glossário, da concordância com a verdade que muitos têm sobre minha vida real, assim como têm um par extra de óculos. Quero dizer que esse fato é, para mim, um obstáculo à memória.

Por outro lado, adoro ser conhecida por aqueles com os quais me importo. *Assistência pública,* bela expressão. Portanto, estou sempre ao telefone, sempre escrevendo cartas, sempre acordando para me dirigir a B., D. e C. — para os quais não me atrevo a ligar antes da manhã e com quem, apesar disso, preciso conversar por toda a noite.

SOBRE A AUTORA

Elizabeth Hardwick foi crítica literária, romancista e contista estadunidense. Nasceu em Lexington, em 1916, e estudou na Universidade de Kentucky, onde obteve o bacharelado em 1938 e o mestrado em 1939. Em seguida, entrou no programa de doutoramento da Universidade Columbia e lá permaneceu até 1941, quando decidiu se concentrar na escrita. Em 1947, recebeu uma bolsa de estudos Guggenheim e, em 1996, foi eleita membro da Academia Americana de Artes e Ciências.

Filha de pais protestantes, era a oitava dos onze filhos do casal. Foi casada com Robert Lowell, poeta vencedor do Pulitzer, de 1949 até 1972, e tiveram uma filha chamada Harriet. Foi colaboradora da *Partisan Review*, da *New Yorker* e da *Harper's* e cofundadora da *New York Review of Books*. Entre os anos 1970 e o início dos 1980, proferiu seminários de escrita na Barnard College e na Escola de Artes da Universidade de Columbia, onde foi professora da escritora Sigrid Nunez. Faleceu em Manhattan em 2007, aos noventa e um anos.

É autora de três romances, *The Ghostly Lover* (1945), *The Simple Truth* (1955) e *Noites insones* (1979), e de quatro livros de ensaios, *A View of My Own* (1962), *Seduction and Betrayal* (1974), *Bartleby in Manhattan* (1983) e *Sight-Readings* (1998). Em 1961, editou *The Selected Letters of William James* e, em 2000, publicou uma pequena biografia do escritor Herman Melville.

SOBRE A CONCEPÇÃO DA CAPA

Elizabeth Hardwick teve uma relação intensa e duradoura com Nova York, cidade retratada tanto como um lugar de promessa e liberdade quanto como um espaço de solidão. A Broadway, com sua icônica profusão de luzes de néon, representa as complexas emoções da autora em relação à cidade. A imagem que ilustra a capa foi feita em 1959 pelo fotógrafo inglês J. Allan Cash.

O Cotton Club, um dos principais clubes noturnos nas décadas de 1930 e 1940, ilustra a quarta capa. Símbolo da Era do Jazz e do Renascimento do Harlem, foi frequentado por celebridades e era conhecido tanto pela música revolucionária quanto pela política controversa de segregação — ainda que os artistas que se apresentavam fossem majoritariamente afro-americanos, apenas pessoas branca eram autorizadas a frequentar o local.

Em contraponto, havia o Savoy Ballroom, cuja foto ilustra o verso da capa. Inaugurado em 1926, era conhecido por ser um dos poucos clubes integrados racialmente na cidade, um dos locais mais icônicos para a cultura afro-americana, especialmente para a cena de jazz.

Para homenagear as origens da autora, selecionamos registros da pista de corrida de Lexington e da Universidade do Kentucky, onde Hardwick se graduou em 1938.

O efeito em dois tons chama a atenção pelas cores vibrantes aplicadas nas imagens, e a tipografia sem serifa reflete um ar refinado, características da escrita da autora.